Coordinated Development of Real Estate of Anhui Province
in the Process of Unbalanced Destocking

去库存非均衡中的
安徽省房地产协调发展

程 蕾 著

中国科学技术大学出版社

内容简介

本书主要研究在安徽省房地产去库存非均衡情况下如何促进房地产市场协调发展。面对安徽省不同城市、不同类型房地产去库存分化的局面,探究导致房地产库存非均衡发展的原因尤为重要,本书所涉及的研究对化解房地产库存,实现供需基本平衡,稳定房价,有效控制市场潜在风险,推动经济持续健康快速发展,促进新型城镇化具有很重要的现实意义。本书同时也具有一定的理论意义,为相关房地产去库存研究提供了一条值得借鉴的思路,即将非均衡分析作为重点,研究不同城市、不同类别房地产去库存过程中的非均衡发展。

本书可供决策部门制定政策时借鉴、参考,也可作为房地产相关研究人员和关心房地产的读者的阅读参考书。

图书在版编目(CIP)数据

去库存非均衡中的安徽省房地产协调发展/程蕾著. —合肥:中国科学技术大学出版社,2022.6

ISBN 978-7-312-05247-7

Ⅰ. 去… Ⅱ. 程… Ⅲ. 房地产市场—经济发展—研究—安徽 Ⅳ. F299.275.4

中国版本图书馆 CIP 数据核字(2021)第 126940 号

去库存非均衡中的安徽省房地产协调发展
QU KUCUN FEI JUNHENG ZHONG DE ANHUI SHENG FANGDICHAN XIETIAO FAZHAN

出版	中国科学技术大学出版社 安徽省合肥市金寨路 96 号,230026 http://press.ustc.edu.cn https://zgkxjsdxcbs.tmall.com
印刷	安徽省瑞隆印务有限公司
发行	中国科学技术大学出版社
开本	710 mm×1000 mm 1/16
印张	9.25
字数	152 千
版次	2022 年 6 月第 1 版
印次	2022 年 6 月第 1 次印刷
定价	50.00 元

前　言

2019年3月,李克强总理的工作报告中提到要"促进房地产市场的平稳发展",更好地解决群众住房问题,改善住房市场体系和保障体系,防止房地产市场出现大幅波动。然而,安徽省房地产去库存非均衡问题会对安徽省房地产稳定、协调发展带来挑战,房地产政策的制定、执行将对不同类别城市和不同类型房地产产生不同的影响。面对安徽省不同城市房地产、不同类型房地产去库存分化的局面,找出导致房地产去库存非均衡发展的原因尤为重要。

本书研究探讨了安徽省房地产去库存的非均衡问题,基于经济学理论分析房地产市场的供给和需求变动原因及相关政策对市场可能造成的影响,通过访谈调研的形式分析造成去库存非均衡的原因,探讨安徽省房地产去库存非均衡可能导致的问题,并在此基础上提出相应的政策建议,以期促进安徽省房地产市场协调发展。

本书对化解房地产库存、实现供需基本平衡、稳定房价、有效控制市场潜在风险、促进房地产市场协调运行、推动经济持续健康快速发展具有一定的现实意义。本书也具有一定的理论意义,为相关房地产去库存研究提供了一条新的思路,即将非均衡分析作为重点,研究不同城市、不同类别房地产去库存过程中的非均衡发展。同时,引入访谈调研分析方法,为房地产去库存研究提供了方法论的支持。

本书获合肥学院后期资助项目(项目编号:19RW02HQ;项目名称:

去库存非均衡中的安徽省房地产协调发展)资助。研究过程中进行了大量的访谈和调研,合肥学院曾小婷、陈晓芳、赵迎晨、张言言、王之琳、王慧颖、牛文文、韦佳佳、刘杰、尹小娇、丁书娟、王安琪、赵玲等同学参与了调研,并向相关行业人士和专家进行了咨询,在此一并表示感谢。由于作者水平有限,另外房地产市场也在不断变化发展中,难免有考虑不周之处,欢迎读者批评指正。

程 蕾

合肥学院

2021 年 7 月

目 录

前言 ……………………………………………………………………（ⅰ）

第一章　绪论 ………………………………………………………（1）
  第一节　研究的背景和意义 …………………………………………（3）
  第二节　文献综述 ……………………………………………………（4）
  第三节　研究的方法和思路 …………………………………………（13）
  第四节　创新点 ………………………………………………………（14）

第二章　安徽省房地产去库存的非均衡状况 ……………………（15）
  第一节　安徽省房地产去库存整体情况 ……………………………（17）
  第二节　城市之间去库存差异 ………………………………………（19）
  第三节　住宅与非住宅商品房之间去库存差异 ……………………（21）
  第四节　城市去库存路径差异 ………………………………………（24）
  第五节　非均衡状况小结 ……………………………………………（28）

第三章　房地产去库存基本理论分析 ……………………………（29）
  第一节　房地产库存产生的供需机制 ………………………………（31）
  第二节　影响房地产去库存的需求因素分析 ………………………（32）
  第三节　影响房地产去库存的供给因素分析 ………………………（35）
  第四节　去库存相关政策影响理论分析 ……………………………（37）

第四章　影响安徽省房地产去库存的访谈调研分析 (43)

第一节　购房区域差异 (46)
第二节　购房类型偏好 (48)
第三节　房地产市场供求状况 (51)
第四节　购房资金来源差异 (52)
第五节　政策对房地产需求的影响 (54)
第六节　价格与预期价格影响 (55)
第七节　房地产购买替代品需求状况 (57)
第八节　房地产供应影响 (59)

第五章　安徽省房地产去库存不均衡的原因 (61)

第一节　购房区位升级导致地区差异扩大 (63)
第二节　房产类型偏好导致住宅类商品房与非住宅类商品房需求差异巨大 (64)
第三节　各城市人口数量和收入差异导致购买能力不同 (65)
第四节　城市政策制定和实施影响房地产需求 (66)
第五节　各地政府投资不同造成资源分布不均差异 (67)
第六节　政府土地供应与房地产商预期不同 (68)

第六章　安徽省房地产去库存非均衡导致的问题 (69)

第一节　普通住宅类商品房价格差异引发家庭财富水平变动 (71)
第二节　不同类别房产问题依然严峻 (73)
第三节　去库存政策考虑因素众多,调控难度大 (75)

第七章　房地产市场去库存相关政策经验 (77)

第一节　限购重拳的出击 (79)
第二节　租购并举的长期坚持 (81)
第三节　人才引进的多方争夺 (86)
第四节　棚改货币化安置政策的影响 (88)

第八章 促进安徽省房地产市场协调发展的政策建议 …………………（93）

  第一节 大力发展租赁市场,建立租购并举的住房制度 ……………（95）

  第二节 减缓普通住宅高房价带来的负面影响,引导人口流入 ……（97）

  第三节 合理使用棚改安置政策,切实改善棚户区民众生活 ………（99）

  第四节 加大公寓类和商业、办公类房产去库存力度,优化
      资源配置 …………………………………………………（100）

  第五节 稳地价、稳房价、稳预期 ……………………………………（102）

  第六节 落实城市主体责任、强化因城施策及房地产市场监管 ……（103）

附录一 安徽省部分城镇访谈调研问卷及回复 ………………………（106）

附录二 合肥市新毕业大学生租房偏好及问题调查(问卷) …………（118）

附录三 "租购并举"政策下,新毕业大学生长期租房意愿调查(问卷) ……（121）

附录四 合肥市本地新毕业大学生就业区域选择因素调查(问卷) ………（126）

附录五 安庆市棚改货币化对于房地产市场的影响(问卷) …………（130）

参考文献 ……………………………………………………………（133）

第一章　绪　　论

第一节 研究的背景和意义

房地产去库存就是通过出售、出租等方式,让大量积压的住宅类商品房和非住宅类商品房库存量降到较为合理的范围。2014年底,国家住房和城乡建设部(以下简称住建部)首先提出,房地产库存较大的城市要千方百计去库存。国家高度重视房地产去库存工作,2015年底的中央经济工作会议正式将该工作列为第二年的五大任务之一。2016年5月和6月,安徽省相继出台了《安徽省扎实推进供给侧结构性改革实施方案》(皖发〔2016〕21号)和《关于去库存促进房地产市场稳定发展的实施意见》(皖政〔2016〕56号),大力推进安徽省的房地产去库存工作。

2016年,安徽省房地产去库存政策推进后就面临一系列尖锐的问题。一方面,合肥已经成为全国范围内房价快速上涨的城市,库存大幅下降;另一方面,合肥以外的省内大部分城市去库存速度缓慢,有些甚至没有什么效果。具体到安徽省各个城市(除合肥外),去库存困难的原因也不尽相同。城市之间去库存是分化的、不均衡的。除此之外,无论是在省会合肥还是在省内其他城市,商铺及办公楼的去库存问题普遍要比住宅类产品去库存压力大,住宅类产品与非住宅类产品去库存分化明显。探究导致这些分化的原因对于下一步提出具有针对性的策略、寻找解决路径尤为重要。

2017年至今,虽然安徽省针对房地产去库存不均衡情况采取了很多政策,但不均衡问题仍然存在,而且出现了很多新的变化。省会城市由于限购等政策的推进,房价增长比较平稳,但需要关注未来可能的波动问题,关于限购政策的继续推进或适时退出也引发了学者的争议;三、四线城市由于棚改货币化安置政策的推进,去库存问题明显好转,但是由此引发的市场过热及后继乏力等问题不断出现;公寓、商铺及办公楼的去库存问题持续存在,包括省会合肥在内,尚未得到圆满解决,部分地区非住宅类产品去库存压力进一步加大。

2019年3月,李克强总理在工作报告中提到要"促进房地产市场的平稳发展",未来房地产市场稳定发展非常重要,重点要防止房地产市场出现大幅波动。安徽省去库存非均衡问题将对安徽省房地产稳定、协调发展产生挑战,房地产政策的制定、执行将对不同类别城市和不同类型房地产产生不同的影响。面对安徽省不同城市房地产、不同类型房地产去库存分化的局面,探究导致房地产去库存非均衡发展的原因变得尤其重要。

本书分析了安徽省房地产去库存的非均衡状况,通过经济学理论分析房地产市场的供给和需求变动原因及相关政策对市场可能的影响,通过访谈调研的形式分析造成去库存非均衡的原因,探讨安徽省房地产去库存非均衡可能导致的问题,并在此基础上提出相应的政策建议,以促进安徽省房地产市场协调发展。

本书对化解房地产库存、实现供需基本平衡、稳定房价、有效控制市场潜在风险、促进房地产市场协调运行、推动经济持续健康快速发展具有一定的现实意义。本书也具有一定的理论意义,为相关房地产去库存研究提供了一条比较值得关注的思路,即将非均衡分析作为重点,研究不同城市、不同类别房地产去库存过程中的非均衡发展。同时,引入访谈调研分析方法,为房地产去库存研究提供了方法论的支持。

第二节 文献综述

房地产库存问题一直受到国内学者的关注,随着全国很多地方库存压力不断增加,尤其是2016年房地产去库存成为五大任务之一后,房地产去库存问题更加引发讨论。房地产库存出现的原因、库存周期的计算、影响去库存的因素、二三线城市去库存问题等都有很多学者进行研究。

一、关于库存水平计算的方法

如何理解和计算库存水平,学者采用的方法并不完全一致。从定义库存范围由窄到广,我国学者在计算库存时主要采用了三种方法:第一种用待售面积反映库存,称为狭义的房地产库存;第二种同时考虑待售面积和施工面积,为广义的房地产库存;第三种除前面的考虑因素之外,将已拿到用地但尚未开发的面积也考虑在内,为最广义的房地产库存(李伟,2017)。不同的学者在计算过程中基于不同的考虑进行数据选择。学术界对如何界定库存的合理范围尚有争议,不同的机构对高库存认定也不完全相同,但总体来看,合理的去化周期不应超过 18 个月(牛犁,胡祖铨,2017)。从数据计算来看,2016 年之前的几年,我国房地产库存问题确实比较严重,且有上升趋势。

从以上分析可以看出,库存的衡量和计算并不完全统一,不同的方法计算出来的库存水平并不完全一致,根据不同的分析重点和数据可得性可以选择相应的分析方法。

二、关于房地产去库存的文献分析

国内关于去库存的研究有很多,尤其是 2015 年底以来,去库存问题引起很大关注,随着去库存政策的不断提出和推进,去库存问题不断产生新的变化。

"十二五"规划的收尾之年,我国房地产市场处于疲软状态,通过梳理 2015 年房地产的相关政策方针及房地产市场的发展情况,政府在 2016 年制定的我国房地产市场政策主基调就是"去库存"。政策主要从两个方面展开:一方面,农民工市民化刺激市场需求;另一方面,多项政策组合确保长效发展(黄燕芬,张磊,2015)。房地产发展的状况与国民经济发展关系密切,房地产市场的运行及对周边的影响是与房地产周期相关的,房地产市场也存在顺周期和逆周期的上升和下降过程,房地产市场对于很多行业有带动作用,房地产市场的繁荣发展将带动相关的产业快速发展,进而影响着国民经济的发展。但当房地产市场下滑时,关联行业自然受到冲击,如建筑行业、装修行业等。农民的市民化、城市化是解决库存问题的重要途径之一。

2016年初,很多政策鼓励买房者将所拥有的房屋用于出租,并且鼓励房地产企业降价(易宪容,2016)。三四线城市的去库存问题更为严重,虽然三四线城市发展潜力较大,但由于市场活力低,缺乏减少库存的动力,由于需求方面缺乏足够的刺激,仅仅依靠供给侧改革比较困难,需要采取其他措施加以解决(潘家华,2016)。

随着时间和政策的推进,市场不均衡的状况受到越来越多的关注。2016年去库存政策实施后,一二线城市与三四线城市出现分化。一二线城市由于较高的收益率,投资属性凸显,大量资金涌入,库存大幅下降,甚至出现需要补库存的情况,房价也在不断攀升。虽然当时有人认为去库存任务已完成,但其实三四线城市去库存问题依然严峻,尤其是部分地区商业营业用房去库存问题还有上升趋势(王红茹,2017)。三四线城市库存压力依然很大,主要原因是三四线城市当时投资价值较低,需求低迷,导致库存问题严重(李建伟,2018)。

从分析中可以看出,随着时间的推移,部分学者很快意识到三四线城市库存压力变化及与一二线城市的差距,商业营业用房的库存问题也开始凸显。因此,房地产去库存不均衡问题很值得关注。

三、关于房地产库存出现的原因的文献综述

2015年底,中央经济工作会议提出房地产去库存是2016年中国经济发展

的五大任务之一,探寻引发高库存的原因是解决高库存问题的起点。从经济学的供给和需求理论来看,市场里的高库存是由于供给大于需求造成的,这种状态往往是由于市场中的价格不在均衡价格点上、市场价格高于均衡价格导致的。若要库存下降,价格应当向下调整,使得房地产市场的需求量增加,同时减少供给量。早期有学者强调不能通过各种税收优惠等政府的措施干预,因为这样会导致持有多套住房的投机者进入市场,要去除房产的升值和投资功能,切实降低房价,强调更多通过市场来解决问题。但是,房地产市场影响到地方政府、房地产企业、投资者各方的利益,去库存是一次重大的利益关系调整过程(易宪容,2016)。事实证明,去库存并不是一个房价下降的过程,反而是一个房价上涨的过程,显然预期和投资对房地产库存影响更大。

去库存问题需要客观分析,既要积极发挥市场作用,也要调动地方政府的积极性。去库存要注意结合当地实际情况,不能简单地减少库存,而应和经济发展联系起来(邹士年,2016)。房地产库存危害很多,大量库存的存在使得资金占压,加大了房地产企业及相关企业的倒闭风险。各方利益博弈导致房地产市场价格刚性,使得房地产行业陷入高价格—高库存的螺旋上升困境。房地产市场并不是完全竞争的,尤其是从供给侧方面来看,土地的供应是垄断的,房地产的供应也是不完全竞争的,为了获得更好的收益,相关部门和企业往往希望房价上涨。随着价格上涨,需求不断减少,房地产库存继续增加。另外,民众投资渠道较少,资金流向房地产行业也是原因之一。如何处理地方政府与市场的关系也是重要的问题(曾宪奎,2016)。随着政策的不断推进,去库存问题发生了很多新的变化,高库存与高房价问题可能并存,三四线城市的去库存问题值得深思。城市间的去库存问题相互影响,虹吸作用仍然巨大(王秀国,2017)。

有学者通过计量分析探讨影响库存的指标,利用 2005 年到 2014 年间的相关数据进行协整分析,发现影响库存的指标主要包括城镇固定投资、房地产企业数、销售价格、第三产业增加值、房企贷款等(向为民,王霜,2016)。通过构建非均衡的计量模型,分析房地产市场的非均衡度,明确库存问题就是非均衡引起的(李清华,2017)。

上述分析中采用多种理论分析方法分析高库存问题产生的原因,其中采用市场均衡理论和博弈理论的较多,很多学者也关注到商品房投资属性问题、土地供应问题、高房价高库存共存问题等。也有学者利用计量模型分析库存产生的原因,甚至有学者明确提出库存问题就是非均衡引起的。但是相关理论较少明确地区分住宅类房地产和非住宅类房地产的非均衡问题,因此,有待作进一步的深化研究。

四、关于影响去库存的因素及对策建议的文献综述

早期房地产去库存面临三大问题:政府的房地产政策,农民的身份变化及整个市场的发展状况(黄晓华,2015)。部分学者重点关注到公积金对去库存的影响,有学者通过加入滞后价格模型进行分析,发现首付的比例与利息影响房地产价格,并且是反向影响。因此,在其他条件不变的情况下,公积金利息和首付比例调节是有效果的(席枫,李海飞,董春美,2015)。房地产市场土地供应的作用非常重要,在去库存形势严峻的情况下,土地开发要严格控制,形成科学、有效的规划,建立监督、问责机制,优化房地产供应结构,促进房地产市场去库存(范唯,2016)。金融界也在关注房地产去库存问题,支持"房住不炒",支持首套房及改善型住房的购买(李林森,曾省晖,2017)。个人信贷品种不足,也影响去库存(张光耀,范应胜,2017)。人口移动问题及老龄化问题都将对房地产市场产生深远的影响,房市随人走,人们追求更好的医疗、教育资源等,人口相应地发生流动。库存过多显然是供大于求导致的,市场均衡应当降低价格,税费问题成为房价难降的重要原因之一,税种多样,有契税、企业所得税、个人所得税、教育费附加、超大面积征税等等,税负压力导致房价下调困难,抑制购买需求(宋婉秋,景刚,2016)。

去库存的政策建议有很多,通过对2006年至2013年的数据分析,提到按照不同区域区别对待去库存问题,对于收入较低、不够发达的地区,要积极鼓励

农民进城买房,给予相应的补贴政策和更友好的户籍政策,增加农民买房的积极性。对于一二线城市,不可以盲目地鼓励农民进城,注意放松购房限制,加大购房优惠和补贴,房地产过剩区域可以考虑存量房转化问题,政策要注意推进速度和力度,防止房价大起大落(申博,2016)。加强农民市民化,促进住房公积金使用效率,引导商品房价格下降,促进存量房转变用途,加强房地产市场监管极为重要(胡祖铨,2016)。有学者强调加快住房资产证券化试点,加大商业营业用房的去库存力度,建立科学的土地供给制度,鼓励政府出面消化部分库存用于保障房建设(邵挺,2016)。针对房地产市场土地供应的特殊性,应建立弹性的土地供应制度,使土地供应政策可以发挥房地产市场调控主导作用。在住房投资属性加大时,要防止房地产市场频繁出现价格过快增长的情况,政府供地方面要发挥良好的调控作用,给消费者和房地产企业释放正确导向的预期(郭曦,2017)。一城一策、因城施策也引起关注,由于去库存过程中城市分化严重,通过PESTEL模型分析无锡和太原两个城市去库存不同的环境问题,证实两个城市的房地产市场情况是明显不同的(马尧,刘姝君,2017),因此要因城施策。

从以上分析可以看出,影响房地产去库存的因素有很多,不同的学者可能侧重点不同,金融支持、政府政策、人口流动、税赋变化等都起到相应的作用,库存问题是一系列因素作用的结果。政策建议方面也考虑到了土地供应、一城一策等因素,但对房地产去库存不均衡问题予以系统分析的还比较少。

五、针对三四线城市去库存问题的文献

房地产去库存发展到后期,一二线城市和三四线城市呈现出明显的差异,很多学者关注到了三四线城市去库存的问题。在去库存初期,很多学者就关注到了不同级别城市的分化问题,房地产的价格变化及城镇化进程影响着房地产去库存状况,房地产价格对不同规模的城市影响程度并不相同,大城市受到的

影响更显著,小城镇所受影响较小。房地产价格对城市的影响随着规模的扩大而加强,这也在一定程度上解释了政府在一二线城市实施价格限制政策的有效性(库存急剧减少后的政策)。相反,城镇化率对中小城市有更强的作用,因为相对于大城市,中小城市城镇化率相对较低,城镇化率的提高将显著提升此类城市去库存的能力。在中小城市展开新型城镇化发展,有助于库存的下降(郝增军,2016)。

去库存初始(2016年),一二线城市房价不断飞涨,三四线城市比较低迷。由于人口流动问题,越来越多的外来人口聚集在一二线城市,再加上去库存政策利好,资金被吸引到一二线城市,房地产的投资属性发挥了重要作用,对比其他行业(股票、农产品等),房地产行业显然收益率更高。政府在房地产市场利好的情况下,也可以拿到较高的土地出让金,综合来看,一二线城市房地产热度高涨,亟须降温。与此同时,三四线城市的房地产却大量闲置,主要原因有:一方面,农民到城市打工,但买不起房子;另一方面,由于部分农村地区发展良好,生活惬意,农民不愿意到城市买房。作为农业大国的中国,农民数量还有很多,这也限制了三四线城市的购房需求,影响库存状况(张秀,2016)。一二线城市房子价格的暴涨又进一步制约了三四线城市的去库存能力。因为房地产市场具有居住属性与投资属性双重作用,一二线城市房子价格的暴涨引发羊群效应,使得金融投资属性的重要性上涨,反而吸走了部分三四线城市的投资资金,导致三四线城市去库存压力骤增(赵浩然,2017)。

显然,政府出台一二线城市的限购政策,也有利于资金回流至三四线城市的房地产市场。很多城市也制定政策加大三四线城市去库存。例如,蚌埠市实施了一系列促进政策,鼓励农民、新市民到城市买房,但是供求结构不匹配、居民消费能力有限及部分商品房的质量较差阻碍了库存的下降(朱梦成,2017)。部分三四线城市偏高的房价也制约了库存的下降。例如,亳州市面临居民收入水平仍然较低、库存结构性失衡及民间借贷风险等问题,影响着库存的下降(刘辉,2017)。

为了解决三四线城市面临的各种问题,国家和各地政府推出了很多政策,例如提出加速推进农民工进城、增加三四线城市基础设施建设、降低房价等政策(崔云婷,2016)。强化"一区一策",加强交通网络建设,同时加强租赁市场建设及监管(朱雪苗,黄中南,2016)。创新现有库存的下降方法,加强房地产市场资源整合,强化依据不同城市、不同类型的调控原则(郝增军,2016)。很多学者通过对不同地方的研究,提出很多去库存方式。通过分析奎屯市的去库存问题,三四线城市应当推行房地产升级,加强银企合作,降低首付比例,进行货币化政策调整(吕景,2017)。由于三四线城市去库存压力依然巨大,棚改政策逐渐成为有效措施(王冠,纪宇晟,2016)。通过对益阳市去库存问题的研究,金融机构要加大旧房改造等项目的扶持力度,加强金融支持(方凌,2017)。积极采取各种措施促进地方棚改,包括货币化补偿、限时房票、商用住房转型等措施纷纷出台(李向,刘登举,2017)。但仅仅依靠棚改货币化是不够的,后期增长乏力的问题需要长效机制来保障(马继民,2017)。棚改货币化推动三四线城市去库存在一定时期内取得了良好的效果,房地产市场需求快速增长,市场一片繁荣。但是这种情况并不持久,县域人口增长速度较慢,货币化政策终会导致政府财政压力增加,随着需求释放之后,去库存问题仍然要寻找多途径的解决之道(李迎新,2017)。

综上评述,很多学者已关注到三四线城市去库存难的问题,各地政府自2016年以来出台了很多去库存的政策,但三四线城市去库存效果并不明显。随着一二线城市去库存压力缓解,甚至推出限购政策后,政府着力解决三四线城市去库存难的问题。棚改货币化成为三四线城市降低库存的有效手段,但是棚改货币化的手段也存在很多问题,需要进一步研究。

六、关于商业营业用房的库存问题的文献

商业营业用房面临的库存问题与住宅类用房并不完全相同,电商的冲击尤其明显,需求的下降和有效供给的过量都引发销售困难。虽然非住宅类房地产

库存严重,部分地区去库存周期远高于住宅类房地产,但很多地产商去库存意识不强,过多依赖政府支持,而不是主动降价求销售,这也使得去库存缓慢,需要多重措施共同推动,如利用大数据精准寻找客户和需求,注意控制供给和发展体验式的商业模式等等(王春波,2016)。很多学者也都注意到电商冲击的影响,线下商业受到互联网极大的冲击,导致商铺的需求量下降,库存压力一直很大,部分地区的库存量甚至不降反升(王红茹,2017)。

面对商业地产高库存的情况,寻找库存出路成为很多学者探讨的话题。张梦俐(2017)对重庆商业地产改为停车楼进行研究,分析了改建的利弊,提出了相应的政策建议。关于商业地产存量多少比较合适的问题,有学者从人均消费承受能力的角度进行分析,发现合肥人均商业面积达到 3.5 平方米,大于人均可承受的商业面积 2.1 平方米,导致商业地产库存严重,因此,商业地产的位置和总量供应都应进行科学调控(李国昌,张娜,2016)。通过对天津工商业地产的库存问题进行分析,经计算去化周期和进行空置率的对比,发现天津市的空置问题严重,为了解决相关问题,网点规划、地产类型转化、金融支持、与互联网深度合作都是重要的方法,另外,还要重视各个环节的人才培养(李媛,沈学伟,刘平,2018)。

从以上分析可以看出,很多学者都关注到电商对商业营业用房的库存产生的不利影响。但相对住宅类房地产而言,相关研究还比较少,有些对策建议还有待进一步商榷,比如将商业营业用房改成立体车库的方案,目前来看,由于受到资金成本、便利性等限制,并不是很成功,还需要寻找更可行、更有针对性的方法。

近几年针对房地产去库存的分析有很多,但是整体而言,将重心放在去库存非均衡研究的很少,系统分析房地产去库存过程中一二线城市与三四线城市非均衡及住宅类房地产与非住宅类房地产非均衡问题有着非常重要的意义,本书将侧重于安徽省房地产去库存非均衡的研究。

第三节 研究的方法和思路

本书主要采用:(1)文献研究法。通过查阅大量的资料,了解房地产去库存的原因、衡量标准、影响因素等。(2)实际调查法。选择省内不同类型的城市进行专题调查,分别与居民代表、房地产主管部门和开发企业进行访谈调研,听取省内相关人士对房地产去库存的理解、认知及可能产生的影响。

本书首先通过近几年的文献梳理,研究以往学者对房地产去库存方面的经济理论、影响因素及应对政策的分析,总结以往分析的特点,探讨继续研究的重点,然后运用数据分析安徽省房地产去库存的非均衡状况。本书一方面采用相关经济学理论进行逻辑分析,着重探讨影响房地产市场商品房供给和需求的因素、变动情况以及政府政策对市场可能的影响;另一方面对安徽省几个城市和县城的民众进行访谈调研,寻找安徽省去库存非均衡的原因,进一步分析去库存非均衡可能引发的问题,结合省内外相关经验,提出促进安徽省房地产协调发展的政策建议(图1.1)。

本书的研究难点主要包括以下两个方面:

(1)准确估算库存周期和库存压力。鉴于数据缺乏,对目前全省住宅存量、商业办公等非住宅存量估算非常困难,而这些存量直接影响房地产去库存的速度和最终结果。

(2)提出切实可行的房地产去库存对策措施。目前房地产去库存政策已比较系统,但如何进一步具体化、差别化施策较难。比如:如何判断一个城市房地产库存是否合理、如何有效控制房地产市场潜在风险。

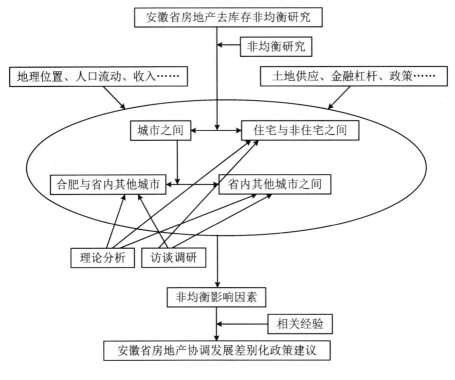

图 1.1 研究思路图

第四节 创 新 点

本书的创新点主要包含以下两个方面：

（1）突出房地产去库存的非均衡研究，通过访谈问卷等形式，对影响不同城市、不同类别房地产库存的因素进行分析，提出安徽省在去库存方面针对不同城市、不同类别房地产的差别化政策。

（2）将房地产去库存作为一项长期、系统的工程，重点解决三四线城市房地产及商业办公类房地产去库存问题。同时注意在消化现有存量时，防止形成新的积压。

第二章 安徽省房地产去库存的非均衡状况

第二章 安徽省房地产去库存的非均衡状况

自2015年年底安徽省推进房地产去库存以来,安徽省去库存非均衡问题一直比较明显,下面通过数据分析去库存的状况。由于数据有限,尤其是各地市统计数据较少,我们重点选择几个典型城市进行分析。

第一节 安徽省房地产去库存整体情况

安徽省房地产市场待售面积与去化周期变化见表2.1。本书全部采用狭义库存计算方法。

表2.1 安徽省房地产市场待售面积与去化周期变化

	2014	2015	2016	2017	2018
房地产开发投资(亿元)	4339	4424.9	4603.6	5612.5	5974.1
同比增长	10%	2%	4%	21.9%	6.4%
商品房销售面积(万平方米)	6202.2	6174.1	8499.7	9200.7	10038.4
同比增长	−1%	−0.5%	37.7%	8.24%	9.1%
商品房待售面积(万平方米)	1636.7	2509.4	2401.4	2021.3	1682.6
同比增长	21.90%	53.30%	−4.3%	−15.8%	−16.8%
去化周期(月)	3.17	4.88	3.39	2.64	2.01

(数据来源:安徽省统计局网站)

在其他条件不变的情况下,房地产开发投资的增加将增加房地产市场的供给,而商品房销售面积的增加将减少房地产市场的库存。安徽省房地产开发投资规模2014年同比增长10%,2015年同比增长下降至2%,但2016年同比增长上升至4%,2017年开发投资高达5612.5亿元,比上一年同期增加了

21.9%,房地产市场投资高涨。2018年增速开始回落,仅有6.4%。商品房销售面积在2014年和2015年时是负增长,2016年推进去库存政策后,同比增长了37.7%,房地产市场需求回暖,有利于房地产去库存。

从商品房待售面积来看,安徽省去库存效果较为显著。本章采用的去库存计算方法有两种:一种是狭义的去库存,用待售面积来表示。还有一种是广义的去库存,利用新开工面积与销售面积的差额来估算已经开工建设但还未销售的面积。表2.1的待售面积为狭义的库存,在实施去库存政策的2016年之前,库存(商品房待售面积)在不断增加,而且增幅还大幅上升,2014年库存量为1636.7万平方米,比2013年增长21.9%,2015年增长到2509.4万平方米,增幅高达53.30%,形势非常严峻。去库存政策开展之后,库存开始持续下降,2016年和2017年分别同比下降4.3%和15.8%,2018年同比下降为16.8%,去库存效果显著。

去化周期也是观测库存压力的重要指标,去化周期等于待售面积除以销售面积,销售面积的计算有的采用近几年(比如近3年)销售面积的平均,有的采用本年度销售面积的平均,实践中两种方法都有采用。第一种方法计算得出的去化周期,增加了不同城市去化周期的可比性,但是削弱了当地实际销售状况的影响,第二种方法则相反。本研究采用第二种方法,用销售面积除以当地本年度销售面积,更加贴合当地实际情况。从表2.1中可以看出,2015年安徽省房地产市场去化周期高达4.88个月,随后开始下降,从3.39个月降至2.64个月,2018年是2.01个月,去化周期明显下降,库存压力下降。

总之,无论是从商品房待售面积还是从去化周期来看,安徽省房地产去库存压力整体下降,去库存效果明显。

第二节 城市之间去库存差异

安徽省去库存整体效果良好,但城市之间差异很大。安徽省共有16个地级市,省会合肥市居安徽省中部。

表2.2是2018年安徽省房地产投资情况,采用的是安徽省统计局网站的进度数据。表中累计投资最高的是合肥市,最低的是池州市,比上一年度增长最快的是铜陵市(26.7%),比上一年度跌幅最大的是池州市(-11.1%)和马鞍山(-11.1%)。

表 2.2 2018 年安徽省房地产投资情况

市名	1～12月累计(亿元)	比上一年度增长(%)	上一年度增幅(%)
全省	5974.1	6.4	21.9
合肥	1527.2	-1.9	15.1
淮北	131.7	17.4	21.8
亳州	364.9	13.5	39
宿州	297.2	15.5	9.2
蚌埠	576.6	7.4	38.2
阜阳	589.7	14.2	47.3
淮南	222.2	14.9	58.7
滁州	441.6	3.4	27
六安	329.8	12.3	24.2
马鞍山	230.3	-11.1	18.3
芜湖	493.2	7.8	12.1
宣城	197.9	6.6	3.6

续表

市名	1～12月累计	比上一年度增长(%)	上一年度增幅(%)
铜陵	157.6	26.7	6
池州	74.7	−11.1	1.9
安庆	188.2	15.8	15.6
黄山	151.2	22.4	11.1

(数据来源:安徽省统计局网站)

由于数据限制及差异化比较需要,本书选取合肥市和淮南市进行比较分析,合肥市和淮南市商品房销售价格差异很大,合肥住宅类商品房均价为15000元左右,而淮南只有6000元左右,人口、收入、政策、资源差异等都导致两地房地产市场差异很大,库存和销售情况不尽相同。从表2.3中可以看出,从2014年至2018年,合肥市的去化周期一直低于安徽省的平均去化周期,淮南的去化周期(2014年数据缺失)一直高于安徽省的去化周期,两者相差很大。

表2.3 房地产待销面积与去化周期

日期		安徽	合肥	淮南
2014.12	累计销售面积(万平方米)	6202.2	1594.79	—
	待销面积(狭义库存)(万平方米)	1636.7	207.02	—
	去化周期(月)	3.17	1.56	—
2015.12	累计销售面积(万平方米)	6174.1	1589.21	163.3
	待销面积(狭义库存)(万平方米)	2509.4	259.93	91.86
	去化周期(月)	4.88	1.96	6.75
2016.12	累计销售面积(万平方米)	8499.7	2098.34	238.34
	待销面积(狭义库存)(万平方米)	2401.4	199.73	106.31
	去化周期(月)	3.39	1.14	5.35

续表

日期		安徽	合肥	淮南
2017.12	累计销售面积 （万平方米）	9200.7	1283.4	333.66
	待销面积（狭义库存） （万平方米）	2021.3	204.55	95.64
	去化周期（月）	2.64	1.91	3.44
2018.12	累计销售面积 （万平方米）	10038.4	1389.58	373.0
	待销面积（狭义库存） （万平方米）	1682.6	191.26	76.94
	去化周期（月）	2.01	1.65	4.3

（数据来源：安徽省统计局网站；合肥市、淮南市统计局网站）

淮南的去化周期2015年至2017年分别与合肥的去化周期相差4.79、4.21、1.53个月，2018年相差2.65个月。虽然淮南的待销库存面积绝对数比合肥要小，但去化周期比合肥要大很多，去库存压力远大于合肥。

第三节　住宅与非住宅商品房之间去库存差异

安徽省去库存过程中住宅类商品房和非住宅类商品房差异很大，由于使用性质不同，非住宅主要包括办公用房、商业用房和厂房、仓库等，表2.4中的数据是合肥市住宅与非住宅的销售面积、待销面积及去化周期对比，数据来源于合肥市统计局月度监测数据。表中去化周期通过数据计算而得，仍然是狭义的。从表中可以看出，住宅商品房的累计销售面积一直比同期的非住宅累计销售面积要高，比如2015年，住宅累计销售面积为1285.9万平方米，非住宅累计销售面积为303.31万平方米，住宅累计销售面积是非住宅累计销售面积的

4.24倍,2016年是4.34倍,2017年是2.97倍,2018年是3.86倍,差距明显。待销面积正好相反,非住宅的待销面积比住宅待销面积要大,2015年年底非住宅待销面积为165.45万平方米,住宅待销面积为94.48万平方米,非住宅面积是住宅待销面积的1.75倍,2016和2017年分别是3.83倍和4.33倍,2018年是3.78倍。去库存以来,合肥住宅与非住宅的待销面积差距比2015年明显扩大,非住宅的库存压力还是远大于住宅的库存压力。

表2.4 合肥市房地产待销面积与去化周期

	2015		
	累计销售面积(万平方米)	待销面积(万平方米)	去化周期(月)
住宅	1285.9	94.48	0.88
非住宅	303.31	165.45	6.55
	2016		
	累计销售面积(万平方米)	待销面积(万平方米)	去化周期(月)
住宅	1705.7	41.36	0.29
非住宅	392.62	158.37	4.84
	2017		
	累计销售面积(万平方米)	待销面积(万平方米)	去化周期(月)
住宅	960.46	38.37	0.48
非住宅	322.94	166.18	6.18
	2018		
	累计销售面积(万平方米)	待销面积(万平方米)	去化周期(月)
住宅	1103.88	39.99	0.43
非住宅	285.7	151.27	6.35

(数据来源:合肥市统计局网站)

2015年合肥住宅类商品房去化周期为0.88个月,合肥的库存问题并不是很严重。实行去库存相关政策后,2016年合肥的去化周期快速下降到0.29个月,明显出现库存不足的问题。随着相关政策的限制,2017年去化周期回升至0.48个月,2018年为0.43个月。2015年年底非住宅商品房的去化周期为6.55个月,明显高于住宅类商品房的去化周期,2016年推行去库存的政策后,合肥非住宅类商品房的去化周期下降到 4.84 个月,2017 年非住宅类去化周期又上升到 6.18 个月,2018 年达到 6.35 个月。相对于住宅类商品房的去化周期,合肥市非住宅类商品房存在一定的去化压力。

表 2.5 是淮南的住宅和非住宅的相关数据,请注意,由于淮南市统计局网站没有公布非住宅类商品房的待售面积,本书直接通过计算商业营业用房的去库存周期来替代非住宅的去化周期,由于非住宅类商品房最主要的组成就是商业营业用房,非常具有参考价值。从表中可以看出淮南的住宅累计销售面积远远大于非住宅的销售面积,考虑到淮南商业营业用房低迷的销售情况,去化压力很大。

表 2.5 淮南市房地产待销面积与去化周期

	2015		
	累计销售面积(万平方米)	待销面积(万平方米)	去化周期(月)
住宅	148	54	4.37
非住宅	15	38	30.4
	2016		
	累计销售面积(万平方米)	待销面积(万平方米)	去化周期(月)
住宅	217.7	52.4	2.89
非住宅	20.6	53.9	31.40
	2017		
	累计销售面积(万平方米)	待销面积(万平方米)	去化周期(月)
住宅	311.9	46.1	1.77
非住宅	21.8	49.5	27.25
	2018		
	累计销售面积(万平方米)	待销面积(万平方米)	去化周期(月)
住宅	360.3	42.9	1.43
非住宅	12.7	34	32.13

(数据来源:淮南市统计局网站)

2015 年年底淮南住宅的去化周期是 4.37 个月,非住宅的去化周期是 30.4 个月,差距巨大。2015 年非住宅的去化周期比住宅的去化周期多 26.03 个月,

2016年和2017年分别多28.51个月和25.48个月,差距依然明显,2018年差距达到30.7个月,进一步扩大了。

淮南住宅类房地产去库存周期与合肥的住宅类房地产去库存周期相比普遍偏长,但相比而言,淮南市非住宅类房地产去库存周期比合肥市同类房地产的去库存周期更长,由此可见,淮南市房地产市场住宅和非住宅去库存压力都大于合肥。

第四节 城市去库存路径差异

从房地产市场价格的变化能够看出房地产市场的供求关系,在某种程度上也能反映房地产库存市场上去库存的情况。因为当去库存形势比较严峻的时候,往往房地产市场供给大于需求,价格会比较低,上涨幅度会比较慢;而库存较少甚至供不应求的时候,价格会上涨。所以通过价格因素也能很大程度上看出库存的变动情况。

房地产市场的销售价格在各个网站上统计并不一致,比较权威的有国家统计局的价格统计。国家统计局网站有70个大中城市的价格统计,安徽省有合肥、蚌埠和安庆三个城市的新房销售月度价格同比指数,本节通过对比合肥、蚌埠和安庆的价格指数变化,来分析三个城市的可能库存变化及市场上的供求关系变动。

表2.6为2015年1月至2019年9月间70个大中城市中三个城市房价的同比变化数据,图2.1是合肥、蚌埠和安庆新房销售价格指数变化曲线图,可以清晰地看出价格同比变化情况。从图中可以看出合肥新房价格同比变化与蚌埠和安庆的差异非常大,这也反映出省会合肥与其他城市的非均衡的状态,2015年到2016年初三者之间的差距并不是很大,但是2016年1月份之后合肥

的房价同比增长迅速升高,甚至达到150%左右,房地产市场火热,房地产市场存在一定程度的供不应求。

表2.6 新房销售价格同比指数

日期	合肥	蚌埠	安庆
2015.01	97.6	99.5	99.8
2015.02	96.9	99.3	93.6
2015.03	96.5	91.8	93.6
2015.04	96.3	91.5	93.7
2015.05	96.5	91.6	93.9
2015.06	97	91.8	94.1
2015.07	98	91.8	95.3
2015.08	98.6	92.3	96
2015.09	99.7	93.8	97.2
2015.10	100.2	95.3	97.9
2015.11	100.7	95.8	98.7
2015.12	101.3	95.9	99
2016.01	103.2	96	99.3
2016.02	106	96.5	99.2
2016.03	107.7	98.2	100
2016.04	117.5	99.2	100.7
2016.05	123.2	100.7	100.3
2016.06	129	100.7	101.6
2016.07	133.8	102.2	102.2
2016.08	140.3	103.7	103.4
2016.09	146.8	105.7	104.4
2016.10	148.4	106.7	105.2
2016.11	147.4	108.2	106.7
2016.12	146.3	109.2	107.6
2017.01	144	109.8	107.7
2017.02	140.5	110.8	108.6

续表

日期	合肥	蚌埠	安庆
2017.03	134.5	110.2	109.2
2017.04	127.2	111.7	109.8
2017.05	120.9	114.7	109.6
2017.06	115.4	116.7	109.4
2017.07	111	117	108.1
2017.08	105.8	115.2	107
2017.09	101	113.2	107.1
2017.10	99.4	111.1	106.8
2017.11	99.7	109.7	105.4
2017.12	99.8	108.8	105.2
2018.01	99.7	108.4	105.7
2018.02	99.7	107.6	105.3
2018.03	99.6	107	103.9
2018.04	99.4	104.7	102.5
2018.05	99.7	101.5	102.2
2018.06	99.8	99.2	103
2018.07	100.1	100.1	103.9
2018.08	101.8	102.3	105.8
2018.09	102.9	104.3	106.5
2018.10	103.5	105.5	108.5
2018.11	103.8	106.8	109.1
2018.12	104.2	107.7	109
2019.01	104.8	107.9	109
2019.02	106	107.6	108.9
2019.03	106.7	108.2	110
2019.04	107.4	108.8	110.4
2019.05	107.4	109.3	111.2
2019.06	107.7	110.2	110.3
2019.07	108.2	108.6	109.7

续表

日期	合肥	蚌埠	安庆
2019.08	106.9	106.8	107.7
2019.09	105.7	105.3	106.7

（数据来源：国家统计局网站）

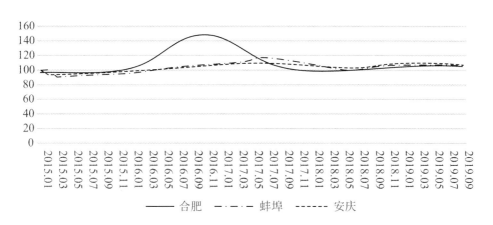

图 2.1　合肥、蚌埠和安庆新房销售价格指数

（数据来源：国家统计局网站）

合肥的新房价格同比指数之所以呈现先大幅增加又大幅回落的情况，与合肥市政府实施限购政策有直接关系。由于2016年合肥实施去库存政策后，房地产市场出现过热的情况，合肥市政府开始采取限购等调控措施，合肥的新房价格同比变化在2016年9月份左右开始回落，2017年10月份左右，同比价格增长变为负值，房地产市场出现明显的降温，此后变化并不是很大，可以说房地产市场过热的情况得到了有效控制。

蚌埠和安庆的新房价格同比指数变化相对要比较接近一些。开始大力去库存之前，蚌埠和安庆都是长时间的负增长，也就是说价格的同比增长是负数，房地产市场不景气。随着去库存政策的实施，安庆和蚌埠的新房价格同比增长指数也开始增加，虽然开始远低于合肥新房同比价格指数增长，但是也在逐步地增长。由于限购政策的影响，合肥房价指数开始回落，蚌埠和安庆仍然保持一定的增长。从这个价格变化来看，省会城市和安庆、蚌埠差距很大，就安庆和蚌埠而言变化较为接近,但是时间点也不一样,变化幅度也不相同。值得注意的是,2019年三个城市的新房价格同比变化更加接近了,也许安徽省房地产市场有整体趋稳的趋势,但这还需要其他研究进一步验证。

第五节　非均衡状况小结

安徽省整体去库存的效果还是非常明显的,但是结合安徽省各城市的实际情况及以上分析可以看出安徽省去库存存在明显的不均衡状况:

(1)合肥市作为省会城市与其他城市去库存差异很大。合肥市作为省会,身份和地位特殊,政策实施的内容和时间与其他非省会城市差距较大。从数据来看,库存压力并不严重,甚至某些时间段还需要补库存。

(2)住宅类与非住宅类房地产去库存差异大。无论是合肥还是淮南,住宅类商品房与非住宅类商品房库存压力差异较大,非住宅类商品房明显去库存周期更长。

(3)非省会城市之间的去库存路径存在差异。非省会城市各自的基础情况不同,采取的政策和政策实施的时间也不尽相同,所以去库存情况也不一样。

第三章 房地产去库存基本理论分析

第一节 房地产库存产生的供需机制

房地产市场中的商品房(无论是住宅类还是非住宅类)供求曲线(图3.1)同样受到价格因素的影响,在其他条件不变的情况下,当房地产价格上涨时,商品房供应的数量上升,需求数量下降。价格下降时,商品房需求量上升,供给量下降。但是对于房地产市场要注意,当商品房价格上涨时,商品房供给数量的上升不是短期内可以完成的,从土地供应规划、拍卖、建造到推向市场都需要一段时间,供给量的上升是缓慢的,但是,需求量的减少相对而言却是比较快的,只要人们不愿购买,需求很快下降。当房地产价格下降时,房地产供应的数量下降,需求数量上升。房地产市场上供应量的下降也比较缓慢,房地产供应商不可能立马将房地产项目退出市场,但需求上升是比较快的,有钱有意愿的话可以立刻投入到房地产市场。相对而言,在一定价格水平范围内,房地产市场上供给量相对于价格变化要比需求量相对于价格变化迟缓一些。

当市场上价格处于不均衡位置时,比如价格偏高时(P_M),房地产的供给数量大于需求数量,就出现了库存现象,如果其他情况不变的话,房地产市场应当降价,以便重新达到平衡。如果价格持续不变,房地产市场将持续存在库存问题。但是由于种种原因,房地产市场往往存在价格下跌困难的情况,库存状况就难以改变。从经验来看,房价整体存在刚性,涨上去容易,下跌却比较困难。当需求减少,房地产价格应当下降而由于种种原因没有下降时,市场上是存在库存的。

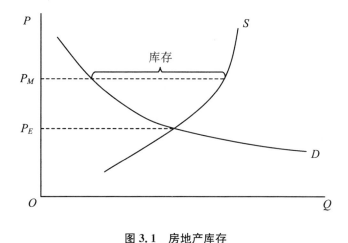

图 3.1　房地产库存

第二节　影响房地产去库存的需求因素分析

假设商品房市场中有一定程度的库存,供给和需求的变动都可能影响库存的变化。下面先从需求角度分析不同因素对库存的影响。

一、购买者的数量对库存的影响

如果房地产市场中购买者的数量增加,需求曲线向右移动,在其他因素不变的情况下,库存数量将会下降,购买者的数量与库存数量成反向变化。以合肥为例,如果安徽省其他城市的购买者来合肥购房,合肥市场中购买者的数量就会增加,合肥房地产市场中库存就会下降。反之,如果合肥地区的购房者去其他城市购房,本地购买者减少,库存就会上升。购买者数量与库存数量成反方向变化。

二、商品房预期价格对库存的影响

预期价格对商品需求的影响在房地产市场中尤为突出。在其他因素不变的情况下,预期未来房价上涨,需求曲线右移,库存下降。反之,预期未来房价下跌,需求曲线左移,库存上升。以合肥为例,如果预期合肥未来价格大涨,为了获得未来的收益,当前的需求将快速上升,市场中的库存也会急剧下降。反之,如果预期未来房价下跌,当前需求也会急剧下降,库存更加严重。预期价格与库存数量成反向变化。

三、收入水平及信贷对库存的影响

在其他条件不变的情况下,人们收入水平越高,对商品房需求越大。当一个城市收入水平普遍上升时,商品房的需求随之增加,库存将下降。这可以解释一些对矿产资源依赖较大的城市近些年库存下降困难的问题,比如淮南、淮北、铜陵等市,收入水平受矿产资源价格影响较大。当矿产资源价格较高时,员工的收入相对较高,对房产的需求更大,库存也将越小。反之,矿产价格下降,员工的收入可能减少,购房需求下降,需求曲线左移,库存加大。收入与库存水平成反方向变化。

即使收入不变,如果购买住房时所需支付资金和贷款能力改变也成为需求影响条件,改变首付比例和贷款难易程度都可能影响市场库存变化。首付比例上升时,消费者购房时所要支付的现金增多,限制了消费者的购买能力,导致需求下降,需求曲线左移,库存上升,首付比例与库存成正向变动关系。当贷款渠道减少,贷款额度下降或审批贷款期限延长时,直接影响消费者的购买能力,购买需求下降,库存增加。由于很多地区房价较高,购房时多需要贷款,首付比例变化和贷款难易程度变化成为影响库存变化的重要因素。

四、偏好对库存的影响

在其他因素不变的情况下，人们对不同产品的偏好，也会导致不同类型房地产库存的差异。房地产市场中包括普通住宅类房地产、公寓、非住宅类房地产，人们对不同类型的房地产偏好是不同的。人们偏好哪一类的房地产，就会导致此类房地产需求上升、库存下降。人们相对不偏好的房地产类型，则会需求下降、库存增加。究竟偏好哪一类的房地产，是由很多因素决定的，比如风俗习惯、受益程度、家庭经商与否、收入水平等，这些都会导致对不同类型房地产的偏好。总之，偏好与库存成反方向变化关系。

五、相关商品价格对库存的影响

库存还与相关产品的价格相关，比如租房的成本较低，人们可能选择租房，那么购房的需求就会下降，库存上升。如果其他金融产品价格降低，收益增高，人们就可能购买股票等金融证券以获取高额收益，对购买住房的需求就会下降，库存就会上升，反之亦然。这类替代品的价格与库存成反方向变化。影响房地产的还有其他一些因素，比如装修，如果装修价格上升，人们的购房需求下降，库存就会上升，装修价格和库存成正向变化关系。

六、税收与补贴对库存的影响

政府的相关政策也会影响房地产需求的变动，比如一些税收优惠政策或者政府直接增加购房补贴,相当于购房者成本下降,都将导致对房地产的需求增加,库存下降。

以上为影响房地产库存需求方面的主要因素,但是现实情况中影响因素更多,且往往不是单一出现的,需要更综合的分析。

第三节　影响房地产去库存的供给因素分析

房地产库存的存在显然是市场里出现了过多的供给,影响房地产库存供给方面的因素主要包括卖方的数量、相关成本、土地供应、生产者预期、公司可能生产的其他商品价格等。

一、卖方的数量对库存的影响

在其他因素不变的情况下,房地产供应商越多,供给曲线右移,库存增加。反之,房地产供应商数量下降,供应减少,库存减少。例如,如果合肥市房地产出现很多新的房地产供应商,合肥房地产供给曲线右移,供给增加,库存变大。如果突然有许多房地产供应商撤出合肥地区,供应商的减少导致供给下降,库存减少。供应商的数量与库存成正向变化关系。

二、相关成本对库存的影响

技术水平、原料价格、税收和补贴都会影响到房地产企业的成本,从而影响房地产供给。在其他条件不变的情况下,当技术水平提高时,比如房地产的建造技术提升,建造周期更短,建造成本将会下降,房地产企业获益可能增加,房地产供给增加,库存增加,技术水平与库存成正向关系。原料价格上涨,比如土地拍卖成本上升、原材料上涨,相当于房地产企业成本上升,收益下降,房地产供给下降,因此原材料成本与库存成反比。政府增加房地产企业税收,企业的成本上升,收益下降,房地产供应下降,库存减少。政府如果补贴房地产企业,相当于企业成本下降,收益增加,供给曲线右移,库存上升。因此,在其他条件不变的情况下,税收与库存成反方向变化关系,补贴与库存成正方向变化关系。

三、生产者预期对库存的影响

在其他条件不变的情况下,房地产供应商如果预期未来房价会上涨,未来卖房显然比现在卖房更划算,现在的房地产供应就会下降,导致库存下降。反之,如果房地产供应商预期未来房价下跌,现在卖房比将来卖房更划算,当前的供应就会上升,供给也会增加,库存增加。生产者预期与库存成反方向变化关系。

四、土地供应对库存的影响

土地供应对房地产市场的商品房供应有直接影响,房地产开发首先要有土地供应,房地产企业可用于建造商品房的土地增加,意味着商品房供给可能增加,库存加大,土地供应和库存成正向变化关系。土地供应除了影响总量之外,区位和用途也会对库存产生不同的影响。土地供应的区位选择将会引起区域性的库存变化。土地是用来建造住宅类房地产还是非住宅类房地产将引起不同类型房地产的库存变化。由此可以看出,土地规划和供应可以有效影响不同区位、不同类型房地产的供应,从而进一步影响房地产库存。

五、公司可能生产的其他商品价格对库存的影响

房地产供应商如果是综合性的大企业,比如有的企业除了建筑房屋,还有其他盈利能力,如通过生产机械设备盈利,如果机械设备的价格上升,盈利性增强,建造、销售房屋的盈利就相对下降,房地产供应减少,库存减少,因此其他商品的价格与库存成反方向变化关系。

影响房地产库存供给方面的因素还有很多,比如商品房建设周期、政策变动等都将引起房地产供应的变化,从而进一步影响库存变化。

第四节 去库存相关政策影响理论分析

自2016年去库存被列为经济工作五大任务之一以来,各地政府采取了很多去库存的政策,随着去库存非均衡的凸显,应对去库存非均衡的政策也相应出台。

一、去库存政策效果整体分析

政策对库存的影响要综合考虑初始状态和运行过程中的各种因素。房地产市场库存存在,价格肯定不在均衡点上,市场价格往往高于均衡价格,在这样的价格水平上,供给量大于需求量,显然市场中的价格是偏高的。为了减少库

存数量,如果能让房地产市场价格下降,或者在价格不降的情况下,增大需求,并控制好土地和房地产供求,就能减少库存数量。在去库存政策初始,很多城市都采用了降低房地产交易税、实行贷款优惠等政策,相当于给购买者变相降低购买成本,需求增加。下面来分析去库存的政策可能带来的理论影响。

（一）当地房地产库存量相对较大、去库存周期长的状况下

通过相关去库存的措施使得需求曲线适度右移,且房地产商暂时在原有市场价格水平上供应大量房地产,市场中由于库存量巨大,当需求曲线右移时,市场中房地产均衡价格将上升,但是由于原有市场价格高于均衡价格,并不会对价格造成很大冲击。因此,最理想的结果是在价格并未大涨的情况下,通过增加需求的去库存政策减少库存。这种情况有个前提,就是该地区本身房地产库存量比较大。如何让需求曲线右移也存在难度,通过政府减税等刺激,需求曲线会一定程度向右移动,但是如果本市当地需求者偏少,人们预期房价不会大幅上升,甚至仍可能下跌,库存依然难以有效减少。这也是一些库存量很大的三四线城市初期成效并不明显的重要原因。

（二）当地房地产库存量相对较小、去库存周期短的状况下

去库存政策推行后,需求曲线右移,新的需求曲线与原供给曲线相交于新的均衡点,由于库存本身相对较少,需求曲线右移导致新的均衡点是更高的房价和更多的销量。当看到房地产市场价格上涨,由于原本库存并不是很大,局部出现供不应求时,极可能触发房地产市场中消费者的心理预期,认为未来房价仍会上升,在其他因素不变的情况下,这种预期将导致当前消费者加速购买房地产的行为。需求曲线继续向右移动,不断推进房价的上升,从而进入房价上升循环。这种情况比较突出地出现在部分一二线城市和重点城市,库存总量虽然很大,但相对于城市规模和需求数量而言是有限的,需求曲线的快速右移

带来库存的短缺,引发价格上涨,房价预期上升可能性增加,需求曲线继续右移,去库存的过程演化成房价上涨与补库存需要并存。

即使是在第一种情况下,如果需求曲线向右移动过多,也将推高房价,带来高房价预期,引致房价循环上升。由此可见,对房价的预期具有不断循环加强的作用,预期的影响是去库存过程中不可避免的问题。

除了预期的影响外,供给和需求曲线的变动是各种因素综合作用的结果,不同城市、不同类型房地产所受的各种影响因素、影响程度不尽相同,再加上原有库存水平不同,即使初始在相似的去库存政策影响下,不同城市去库存可能也是不均衡的。

二、限购政策理论影响

限购政策往往在热门城市发布,这些城市原本库存就不是很高(主要指普通住宅类商品房),经过减税等政策的刺激,市场上形成不断上涨的房价预期,城市内的消费者及非本市的消费者看到不断上涨的房价,有的从刚性需求出发、有的从投资收益方面考虑、有的从防止货币贬值角度出发,纷纷投入房地产市场,以期获得房价上涨的好处,避免当前资产组合贬值的风险。潜在消费者预期未来房价的上升,叠加购买人数增加(城市内外新增消费者),热点城市房价不断上涨,进一步引发市场紧张气氛,但是房地产的供给不可能短期内快速增加,再加上房地产商可能捂盘惜售,市场抢购氛围更加浓郁。此时,如果不进行市场干预,由于需求曲线不断右移,供给曲线右移有限,市场价格不断攀升。针对热点城市库存不足、房价上涨的情况,限购政策在一二线城市开始展开。限购政策主要是针对减少房地产需求出台的政策,从理论上讲,限购后,直接限制了购买的人数、个人购买房地产的数量,贷款条件也比以往要严格。购买数量的下降导致需求曲线左移,房地产价格下降,随着限购力度的加强和政府稳定房价的决心的持续,人们的预期开始变化,需求数量不再像以往一样增加,甚至局部地区出现明显下降。

虽然限购政策为不断盘旋上升的房价按下了暂停键,但需要注意的是,也要防止价格出现掉头下跌的情况,如果消费者认为未来房价是下跌的,那么将减少需求,随着需求曲线的左移,价格真的出现下跌,可能又加强了人们的下跌预期,需求曲线继续左移。房价在原本的高位不断下跌,同样会带来一系列问题,尤其是房地产贬值的问题,人们拥有的财富水平下降,从而消费水平下降,可能引发经济下滑。但是整体而言,热点城市的限购政策在抑制房价上涨、改善供求关系方面效果比较直接、快速。

还要注意省内各房地产市场的传导问题。以安徽为例,当合肥市区实行严格的限购政策后,购买资金和购买意愿继续寻找其他合适的突破口,部分人群会选择在其他城市购买房地产,从而引发其他城市市场的变动。

三、棚改货币化安置政策的理论影响

三四线城市的去库存受到棚改货币化安置政策影响较大。三四线城市库存较多,去库存压力较大,再加上受到地理位置、城市发展、收入水平、人口数量等原因的影响,需求有限。由于库存较大,初始的减税等政策导致的需求曲线向右移动又不是很明显,三四线城市的房价往往也没有热点城市房价变动快,导致人们对当地房地产价格预期不高。棚改货币化安置政策通过较大规模的推进在短期内直接影响当地房地产市场,相较于实物房产补偿,拆迁后,拆迁户拿到的货币和房票需要尽快兑现成房产,短期内市场释放出大量需求,尤其是市区内资源丰富的局部地区,需求迅速上升,库存大幅下降,人们预期也在上涨,加重购买需求。三四线城市的这种棚改货币化导致的需求增加和价格上涨,持续的时间要受到后续棚改货币化及预期价格的影响,当价格上涨到一定程度,同时后续棚改货币化安置政策的影响减弱,市场上购买者将进入观望状态,如果预期房价下跌,市场将迅速反转,带来下滑压力。

四、人口移动的理论影响

争夺人才现象在一些热点城市尤为明显,比如长沙、重庆、武汉等地区,从人口的角度看,引进人才,鼓励人才落户,相当于增加了购房者数量,需求曲线右移。而且从全国大市场来看,人才具有一定的区域选择性和稀缺性,某个城市吸引到更多人才,可能意味着另外某些城市引进人才数目下降,导致该地房地产购买者数量下降。除了人才争夺之外,普通人口的流入也成为影响房地产行业发展的重要指标。如果一个城市长期人口流出大于流入,出现人口长期净流出的现象,将导致该城市购房者减少,长此以往则会导致房地产库存加大,甚至影响经济发展速度。

五、租房市场发展对房地产市场的理论影响

租房居住是购房居住的一个替代品,如果一个市场中租房市场发展良好的话,在其他条件不变的情况下,意味着购房需求下降,住宅房地产市场需求曲线的左移将使得房地产市场均衡价格下降,可以缓解部分一二线城市及热点城市房价过高、房地产过热的情况。

总体而言,房地产库存不可能长期、完全消除,库存可能周期性存在,暂时性库存是市场常态,如何解决或缓解不同地区和不同类型房地产去库存不均衡问题是一个很有价值的现实问题。

第四章　影响安徽省房地产去库存的访谈调研分析

影响库存的原因主要有两个:一个是供给,一个是需求。本书访谈的设计兼顾供给和需求两个方面,既对房地产市场的需求方进行访谈,也对房地产商和房屋中介进行了访谈,时间主要集中在2018年年底至2019年年初。为了得到更加准确的信息,我们采用访谈调研的形式,或电话访谈,或面对面访谈,以求获得更加真实、准确的信息。

本书调研和访谈的对象来自合肥、安庆、淮南、芜湖4个市县(或市区)以及望江县、南陵县、芜湖县、砀山县、临泉县5个县。通过实际访谈调研,可以更清楚地分析造成房地产去库存非均衡的原因。在调研过程中共发放了260份访谈调研问卷(附录1为部分城镇访谈调研问卷及回复),其中南陵县和芜湖县同属于芜湖市,我们也可以借此对比同一城市的两个县的情况。除了电话访谈外,也进行了集中座谈,以期更准确、更全面地了解人们的需求情况并探讨造成房地产市场去库存非均衡可能的原因。

表4.1是对访谈数据的整理和访谈内容的梳理,可以看出访谈调研的基本情况。整理过程中,部分受访者有些问题没有明确回复,相应内容不予计入。

表 4.1 计划购房地点

地点(访谈份数)	农村(自建)	县城	所在地城市	合肥	合肥或其他城市	未来工作地点	不确定
总计(260)	5	33	48	75	67	14	15
合肥市县(30)		2		20	6	1	1
淮南市县(30)		1	8	6	11	3	
安庆市县(30)		5	6	18	1		
望江县(30)		1	1	6	11		10
芜湖市区(20)			17	2		1	
南陵县(30)		3	7	7	9	2	1
芜湖县(30)		12	8	7	2	1	
砀山县(30)		4		6	13	5	2
临泉县(30)	5	5	1	3	14	1	1

(数据来源:访谈问卷分析整理)

第一节　购房区域差异

在询问对方计划购房的地点中,我们从表 4.1 中可以看出,选择在农村自建的有 5 位县里的受访者,选择县城的有 33 人,选择所在地城市的有 48 人,明确选择合肥的有 75 人,选择合肥或其他城市的有 67 人,选择未来工作地点的有 14 人,还有 15 人未来购房地点不确定。选择"合肥"或"合肥及其他城市"的占比明显较多。在选择"其他城市"的受访者中,也有很多人提到了南京、苏州、武汉、上海等地方。不难看出,合肥是安徽省很多购房者首选的购房目标。如果没有限购政策的话,合肥购房的需求势必还要放大。

追求更优越的地方居住也自然导致人们在购房过程中的一个阶梯性的发展。人们在进行购房地点选择的时候总是希望能够到更大、更好的城市,生活在农村的人希望去城市,甚至是省会或者更大的城市。访谈中很多人提到,如果钱多的话就去省会买,钱少就在县城买,反过来住在省会城市的人很少再去农村或者县城购房,当然也不排除有的人在外面挣钱之后衣锦还乡在老家买套房子,但是购房意愿的主流还是遵循从农村到城市,从三四线城市到一二线城市发展的方向,这种发展方向就导致了省会城市与非省会城市、城市和县城之间必然存在的需求非均衡的问题,这个问题在对望江县、南陵县、临泉县等几个县的访谈中体现得更加明显。这种城镇化过程中人口从乡村流向城市的客观情况,加上在城市买房安居的主观愿望自然导致了住房需求的地区差异。在人们之所以愿意到城市购房的原因访谈中,提到以下一些影响因素:

一、追求更好的教育、医疗和交通等资源

购买有学区的房子是很多人在购房时的考量之一,在访谈中很多人提到了买房是对优质教育资源的偏好,显然大城市拥有更好的教育资源。就安徽省而言,更多的教育资源集中在合肥市,就合肥市本身而言,拥有优质学校的学区房更加抢手。即使是在县城买房,拥有好学区的房子,也要比其他房子售价可能更高一些。

医疗资源也是人们考虑的一项内容,不同城市的医疗资源差距很大,省会的医疗资源要好于普通的城市,那么普通的城市显然要比县城和乡村的医疗资源更好、更集中,对医疗资源的追求也会导致人们在购房时考虑选择更大的城市。

交通便利也是重要的因素,在一个交通四通八达的城市去任何地方都很方便。但如果是在一个偏远的地方,交通的不便会大大影响人们的生活质量。交通便利的城市发展更好一些,房价也相对更高一些。省会城市合肥显然在交通方面具有更多优势,无论是地铁、高速、高铁等各种类型的交通都比其他城市要便利。

人们希望不断地提升自己的生活品质,提高自己所享受的资源水平,那么在这些方面显然省会城市优于其他城市,更优于县城和农村,在追求优质资源的过程中,对于未来住宅的选址就产生了由乡村到县级市、地级市到省会城市的演化。

二、发展空间大,收益可能更高

虽然说生活在大城市的成本有可能更高,但是发展空间也会更大。很多年轻人之所以选择到大城市发展是看重未来的潜能,大城市拥有更多的工作机会、更多的发展渠道。访谈中阜阳很多受访者提到阜阳本地人多资源少,竞争

也比较激烈,年轻人更愿意到外地去发展。另外,大城市里购房的收益可能会更高,这既包括显性的收益,也包括隐性的收益,比如购买房屋后升值的潜力可能会更大,自身的财富增值可能性也就更大。如果购房不是自己居住的话,出租也可以获得较高的租金收入。如果购买的是商铺,大城市人口更多,商业盈利的可能性会更大。除了这些显性的收益之外,在城市里购房居住,孩子可以享受到更好的教育,家庭成员可以享受更好的公共服务,这本身对家庭来说就是很大的福利。

第二节 购房类型偏好

受访者在计划购买房屋的类型上差距更加明显(见表4.2),访谈的对象里面有196人选择了普通住宅,33人选择公寓,21人选择商铺,还有5人选择公寓或者商铺。部分受访者有些问题没有明确回复,相应内容不予计入。请注意,公寓其实也属于住宅类房地产,但是由于公寓的需求和库存状况与我们常提到的住宅差异较大,我们此处单独把公寓拿出来分析,此处普通住宅是不含公寓类的。普通住宅需求达到196人,人们对于住宅的需求远远大于对公寓和商铺的需求,这也是市场上公寓和商铺的库存压力大的原因之一。

表 4.2 计划购房类型

地点(访谈份数)	普通住宅	公寓	商铺	公寓或商铺
总计(260)	196	33	21	5
合肥市县(30)	23	2	2	3
淮南市县(30)	20	5	3	1
安庆市县(30)	24	1	5	
望江县(30)	26	3	1	

续表

地点(访谈份数)	普通住宅	公寓	商铺	公寓或商铺
芜湖市区(20)	18	1	1	
南陵县(30)	22	6	3	1
芜湖县(30)	22		3	
砀山县(30)	15	12	3	
临泉县(30)	26	3		

（数据来源：访谈问卷分析整理）

通过进一步的原因咨询，我们发现造成购买房产类型偏好不同可能有以下原因：

一、倾向于购买住宅的原因

满足居住需要是很多购买住宅类商品房受访者提出来的首要原因。很多人认为，在城市里有一套自己的房子才能算有家，否则缺少归属感。与租房相比，购买自己的住房不用担心要经常搬家，不用担心房东随时上涨租金，可以按照自己的心意装修房屋，有自己的私密空间，能更好地和家人共同相处。购买住宅显然能提高自己的生活水平和质量。

结婚刚需也是很多人选择购买住房的重要原因，尤其是对快到结婚年龄的男士而言。在很多地方，是否拥有住房，将是能否踏入婚姻及影响婚后生活的重要影响因素之一，甚至在很多情况下起到决定性影响。砀山县很多受访者提到，虽然砀山县是贫困县，但当地观念认为结婚时一定要有房子，男方的父母会想尽办法为男孩购房，女方则提供嫁妆，以此作为小夫妻生活的基础。砀山县很多小伙子也认为一定要努力买到住房，这是结婚和生活的必需品，是作为男性的责任。很多女性也认为，婚前租房是可以的，但结婚后还是希望有自己的住宅、自己的家。结婚对房屋的要求推进了人们对住宅的需求。

投资收益也是人们购买住宅的另一个重要原因。住宅具有很强的抗风险能力。通过这么多年的比较,购买房屋的保值增值能力一直比较强,无论是投资商铺还是投资公寓,显然都没有住宅的投资获益性高,与其他的收益产品如股票、银行存款相比,显然近几年住宅投资收益更高,因此,住宅成为大家保值增值的一个重要途径,甚至有的人购买住宅的目的就是为了投资获得更大的收益。除了获得投资收益外,住宅也可以用于出租,获取相应的租金收益。也有部分受访者提到住宅也可以用于经营活动,获得经营收益。

二、倾向于购买公寓的原因

公寓有其自身的缺陷,期限短、电费水费高、面积一般不大等。但仍有部分人倾向于购买公寓,购买公寓所需的资金比较少,对于经济稍显拮据的人来说是个不错的选择。对于在城市工作的单身人士来说,购买公寓能够满足需要。很多人也提到购买公寓是一个过渡性的办法,也有部分人选择投资公寓,比如说,现在合肥已经有两套住房的人,由于限购政策的限制,在进行投资的时候可能会选择不受限购政策影响的公寓,另一方面投资公寓比投资住宅所需的资金量一般要小很多。

三、倾向于购买商铺的原因

也有一部分人倾向于购买商铺,尤其是做生意的人,受访者中有部分做生意的人,他们首选的是购买商铺,买商铺之后作为其经营的场地,以赚取更多的钱将来可以再买住宅。南陵县、芜湖县等地区有做生意的传统,部分人群会倾向于选择商铺,创业初期既可作为商铺,也可用于居住。也有人购买商铺用作投资,赚取租金用于生活与养老。

对于不做生意的人而言,商铺租金收益比是否合理及是否容易出租是重要的考量因素,由于实体经济受到网上经济的冲击,部分商铺面临出租困难、租金偏低的问题,阻碍了人们投资商铺的决策。

从以上分析可以看出,普通住宅的需求明显大于公寓和商铺的需求,这也很大程度上解释了各地公寓和商铺去库存压力大于住宅的原因。

第三节　房地产市场供求状况

询问受访者受访时间段内如果有一定资金的话,购买所需房产是否容易,132人认为不容易,61人认为不太容易(见表4.3)。一方面房价高可能导致这个结果,另一方面受访者的回复也反映访谈期间市场上至少是不存在大量库存的(尤其是住宅类房地产)。

表4.3　购买所需房产的容易程度

地点(访谈份数)	容易	较容易	不太容易	不容易	取决于收入
总计(260)	6	30	61	132	3
合肥市县(30)	1		23	6	
淮南市县(30)			5	25	
安庆市县(30)			14	15	
望江县(30)		14		12	
芜湖市区(20)	1	9		10	
南陵县(30)			4	26	
芜湖县(30)		3	10	17	
砀山县(30)	2	3	3	18	3
临泉县(30)	2	1	2	3	

(数据来源:访谈问卷分析整理)

第四节 购房资金来源差异

随着房价的不断上涨,人们的购房压力越来越大,表4.4统计的是人们的购房压力,在回答这个问题的受访者中,203位明确地表示购房压力大,选择比较大的有25位,仅有8位认为不大。对于绝大多数人来说,购房都需要承担很大的压力。收入是影响购房能力的重要因素,房价快速上涨,收入上涨的速度远小于房价上涨的速度,房子变得相对而言越来越贵。仅仅依靠购房者个人收入买房将会非常困难。表4.5统计的是购房者如果准备购房的话,主要可能的资金来源。

表4.4 购房压力

地点(访谈份数)	大	比较大	不大
总计(260)	203	25	8
合肥市县(30)	15	14	
淮南市县(30)	27	2	
安庆市县(30)	25		2
望江县(30)	21	4	3
芜湖市区(20)	18	2	
南陵县(30)	26	1	
芜湖县(30)	26	2	
砀山县(30)	22		
临泉县(30)	23		3

(数据来源:访谈问卷分析整理)

从购房主要资金来源(表4.5)来看,排第一位的是收入加上父母的存款

（及亲友借款），然后加上贷款，也就是说受访者需调动几乎所有可能的资金来源用于购房。我们经常听说的六个钱袋的理论在此也有所体现，想买到一套自己的房子，可能要动用小夫妻和双方父母的积蓄，还要背负一笔不菲的银行房贷，可能还要向亲朋好友借钱。其次是自己的收入加上贷款，这种选择的受访者有的是不希望父母出钱，尽量靠自己的收入和贷款来解决，或者是家里确实难以提供帮助。单纯依靠个人收入的仅有12位。

表 4.5　购房主要资金来源

地点（访谈份数）	收入	收入+贷款	收入+父母存款（及亲友借款）	收入+父母存款（及亲友借款）+贷款	卖房筹款
总计（260）	12	93	19	101	3
合肥市县（30）		17		12	
淮南市县（30）		14	3	13	
安庆市县（30）	3	7			3
望江县（30）	7	3		7	
芜湖市区（20）		4		21	
南陵县（30）		19	3	8	
芜湖县（30）		3	10	14	
砀山县（30）		15		15	
临泉县（30）	2	11	3	11	

（数据来源：访谈问卷分析整理）

由此可见，个人的收入、父母的积蓄和贷款能力都对房屋的需求产生重要影响。贷款意愿和贷款能力的不同，直接导致人们的购买力差异，从而进一步影响需求。常见的贷款种类包括公积金贷款和商业贷款，但是这些贷款都是基于一定的工作背景和资金流水才能贷到的，对于没有贷款保障和能力的人来说，买一套房子将会非常困难。

第五节 政策对房地产需求的影响

房地产政策也对当地的房地产需求产生影响（见表 4.6），在访谈中大部分人选择的是"不了解"和"不太了解"，一部分人选择了"有点了解"，仅有 12 个人选择的是"了解"。这表明人们在对房地产政策的了解方面，是相对匮乏的状态。但是当询问政策对当地房地产有无影响的时候，有 174 人肯定地选择了"有影响"，29 人选择"无影响"，政策给大众的印象还是产生了相应的作用，认为不管是促进房地产去库存的政策，还是限购等政策都发挥了一定的作用。

表 4.6 购房政策了解情况与市场影响

地点（访谈份数）	是否了解房地产政策				政策对当地房地产市场影响	
	不了解	不太了解	有点了解	了解	有影响	无影响
总计（260）	103	52	65	12	171	29
合肥市县（30）		4	19	2	25	
淮南市县（30）	19		11		22	8
安庆市县（30）	5	6	7		14	1
望江县（30）	7	8	14		24	
芜湖市区（20）		9	8		18	
南陵县（30）	15	11	3		18	
芜湖县（30）	12	14		3	22	3
砀山县（30）	23			7	19	4
临泉县（30）	22		3		9	13

（数据来源：访谈问卷分析整理）

房地产的相关政策确实对房地产的发展产生了影响,有些影响是直接而显著的。以合肥市房地产为例,在 2016 年初采取了一系列促进房地产去库存的政策,比如进行税收优惠后,迅速激发人们的购房热情,房地产市场的需求加大,房价也在攀升,房地产需求继续上涨,有效地去化了库存。但政策也带来了另外一个方面的影响,房地产市场逐渐变得供不应求,政府只好又出台了限制购买的政策,比如合肥户籍的人只能购买两套房,而没有合肥户籍且没有足缴社保和个税的消费者不准购房。限购政策有效地抑制了房价的过快上涨。还有像安庆和芜湖等地实施的棚改货币化政策,通过在拆迁的过程中发给拆迁户货币或房票的方式鼓励大家购房。棚改货币化的政策一方面有效地减少了房地产库存,另一方面也导致了价格的上涨。由此可见,相关房地产政策都会对房地产市场产生一定的影响。但这种影响是多方面的,在制定和实施政策时,要注意考虑政策影响的多面性和时效性。

第六节　价格与预期价格影响

在对当地房地产价格水平(表 4.7)的访谈中,认为价格偏高的,高达 222 人,认为不太高的 20 人,只有 2 人认为是偏低的。由此可见,绝大部分购房者认为当前的价格是偏高的,也就是说人们觉得购房有比较大的压力。

表 4.7　房地产价格水平

地点(访谈份数)	偏高	不太高	偏低
总计(260)	222	20	2
合肥市县(30)	29	1	
淮南市县(30)	28	1	
安庆市县(30)	21	1	

续表

地点(访谈份数)	偏高	不太高	偏低
望江县(30)	27	3	
芜湖市区(20)	19	1	
南陵县(30)	19	6	
芜湖县(30)	24	3	2
砀山县(30)	25	4	
临泉县(30)	30		

(数据来源:访谈问卷分析整理)

访谈期间对未来房地产价格的预期(表4.8)方面有68人认为未来价格将会上升,47人认为会小幅上升,18人认为会保持稳定,17人认为会下降,不确定的有5人。综合来看,这次访谈中认为未来价格会上升的占大多数。由于预期价格会明显地影响人们的购房意愿,对未来价格看涨的心态,导致人们有比较强的购房意愿。

表4.8 访谈时对未来价格的预期

地点(访谈份数)	未来上升	小幅上升	稳定	下降	不确定
总计(260)	68	47	18	17	5
合肥市县(30)		6	1		
淮南市县(30)	3	13	3		5
安庆市县(30)	7				
望江县(30)	4	4		3	
芜湖市区(20)		12			
南陵县(30)	8		11	8	
芜湖县(30)	18			6	
砀山县(30)	5	5	3		
临泉县(30)	23	7			

(数据来源:访谈问卷分析整理)

房地产市场一直存在买涨不买跌的情况,当大部分人预期房价上涨时,房地产市场的需求很可能继续上升。但是预期是不稳定的,部分房地产市场出现了预期下跌的情况,比如2018年第四季度时,合肥市很多人进入观望状态,可能对下一步房地产市场发展产生影响。

第七节 房地产购买替代品需求状况

相对于购房来说一个重要的替代品是租房。询问人们的租房意愿(表4.9)时,有83人选择"愿意",64人选择"不愿意",20人强调短期可以,但长期租房不行。

表4.9 租房意愿

地点(访谈份数)	愿意	不愿意	不太愿意	短期可以,长期不行	不需要
总计(260)	83	64	5	20	4
合肥市县(30)		3		2	
淮南市县(30)	10	10			
安庆市县(30)	3	7		6	
望江县(30)	12	8			
芜湖市区(20)	4	4			
南陵县(30)	18				
芜湖县(30)	15	7		7	
砀山县(30)	18	7	5		
临泉县(30)	3	18		5	4

(数据来源:访谈问卷分析整理)

当问到如果政府能提供各种优惠政策,是否愿意长期租房的时候(表4.10),仍有高达122人表示不愿意。

表 4.10　租购同权下长期租房意愿

地点(访谈份数)	愿意	可以考虑	不愿意
总计(260)	69	26	122
合肥市县(30)	1	1	20
淮南市县(30)		15	15
安庆市县(30)			15
望江县(30)	6	3	16
芜湖市区(20)	10		10
南陵县(30)	8		12
芜湖县(30)	24		4
砀山县(30)	15	3	10
临泉县(30)	5	4	20

(数据来源:访谈问卷分析整理)

替代品的多少直接影响房屋的需求,以住宅类房产为例,人们购买住宅看中的是其居住功能,租赁房屋也可以满足这个功能,所以房屋租赁是住房购买的一个替代品。通过表 4.9、表 4.10 的数据可以看出,很多人还是不愿意租房,即使提供了优厚的政策,包括租购同权,仍有很多人不愿长期租房,要扭转这种情况不是短时间能够完成的。相对于购买住宅安居乐业,人们之所以不愿租房长期居住,可能有以下原因:

(1) 购买学区房可以让孩子接受优质的教学资源,这个几乎是没有替代品的,因为无论购买公寓、商铺还是租房,很多地方仍然不能上附近的小学和初中。当然,随着租购同权的出现和推进,也许能改变这种状况。

(2) 很多人在结婚的时候需要买房,结婚刚需也是住宅类房地产需求的重要原因,租房结婚,或者买商铺结婚对有些人来说是无法接受的,这也导致住宅类房产需求居高不下。

(3) 房地产业具有投资功能,也缺乏必要的替代品,尤其是住宅类房产这几年收益率非常高,比如合肥房产收益高达 50%,甚至有的房产收益翻倍。无论是投资实业还是投资股票都很难达到这个收益水平,在投资收益方面也缺少替代品。在这种缺乏替代品的情况下,即使是房屋价格上涨,人们还是愿意投资购买房产。

第八节 房地产供应影响

相关访谈和座谈也讨论了供给政策对房地产去库存的影响。供给包括土地供应及项目开工情况,在其他因素不变的条件下,政府供地的数量越多,房地产市场上的房屋供给越多,库存压力越大。党的十九大报告中提出,加快建立多主体供给、多渠道保障、租购并举的住房制度,让全体人民住有所居。虽然中央政府在加快探索土地的多主体供给,但就目前情况来看,当地政府仍然是城市供地最核心的来源。政府在制定土地供应规划时,有许多考虑因素,比如滞后性问题,政府制定供地政策,从政策制定到落实往往可能有一定的滞后性。

房地产企业也是影响供给的重要因素,拿到地之后,房屋建设和销售周期成为影响市场供应的重要因素。如果房地产企业加快房屋建设、缩短销售周期,房地产市场房屋供给将增加,反之将减少。

第五章 安徽省房地产去库存不均衡的原因

安徽省房地产去库存方面存在非均衡状况，不同城市、不同类别（住宅与非住宅）房地产去库存出现分化，造成这种状况是由多种原因共同作用的结果。

第一节 购房区位升级导致地区差异扩大

人们在进行房地产的区位选择时往往是一个生活质量升级的过程，由于较大的城市能够提供更多的资源和更高的生活质量，在收入允许的情况下，人们自然希望能够在较大的城市购房，当然购房时还要考虑工作的便利程度，家庭成员的意愿等，但是整体上还是出现了从乡村到县城，然后到城市的一个发展路径。这也和人口迁移的趋势是相似的，当人口迁移到更大的城市时，对当地住宅的需求相应地变大。

就安徽省内而言，住在合肥的消费者更希望在合肥买房，或者去省外其他城市比如上海、南京买房，较少选择在安徽省其他地级市或县城买房。住在县城或非省会城市的消费者很多希望在本地所在城市或者在合肥买房。在乡村生活的消费者可能有的仍然坚持传统的本地自建房，但也有部分人会选择到县城或是其他城市购房。

省会城市相对于其他城市而言，显然能吸引到更多的消费者。合肥积聚了更多的资源，更能吸引人口的迁入，所以在库存方面压力一直不大，去库存政策推行后不久就呈现供不应求、库存不足的局面，限购政策推出才较为有效地缓解了这种情况。

第二节　房产类型偏好导致住宅类商品房与非住宅类商品房需求差异巨大

安徽省住宅类商品房和非住宅类商品房去库存非均衡问题更严重。整体而言，住宅类商品房去库存压力普遍较小，甚至没有压力，商铺的库存压力一直很大。严格来讲，住宅类商品房包括普通住宅和商铺，但是本书中住宅类商品房不包括商铺（除非特别说明），因为商铺由于自身的特性库存压力要更大一些。公寓和商铺的库存压力远远大于住宅类商品房的库存压力。

人们在购买房屋的时候更加偏好住宅，而不是公寓和商铺。住宅显然功能更全一些，它可以满足居住生活的需要、结婚需要、孩子上学的需要。公寓也可以用来居住，但是公寓的使用年限只有四五十年，并且不可以作为学区房获取就近上学的名额，生活成本也要高一些，水费、电费比普通住宅收费要高。商铺较少作为居住使用的首选。

从投资的角度来看，在最近几年，住宅的升值潜力较大，有很强的保值增值能力，而且可以出租赚取租金。公寓也可以出租，但使用年限一般只有40年或50年，就目前而言，投资收益率并不高。商铺可以自己购买用以经营，也可以出租赚取租金，但商铺租金并不稳定，尤其是在电商的冲击影响下，实体商业并不好做。另外，公寓和商铺转卖的时候可能面临更高的税负。

综合来看，住宅的使用功能多且收益稳定，公寓和商铺受众群体少，收益率相对较低，这都导致了人们更加偏好住宅，而不是商铺和公寓。安徽省各城市普遍存在着公寓和商铺去化压力大的问题。因此，在人们购买房屋的时候资金首先流向了住宅类商品房，而且住宅需要的资金量通常很大，资金投入到住宅之后，较少有人有更多的钱用于投资商铺和公寓。

第三节 各城市人口数量和收入差异导致购买能力不同

需求者的数量和收入是影响房地产市场的重要因素之一,各个城市的人口数量和收入差异直接导致各个城市的购买能力不同。

一、人口数量与人口结构

从2018年安徽省人口数量来看,阜阳市820.7万常住人口排第一,合肥市808.7万人排第二,宿州市568.1万人排第三,第四到第六名分别是亳州市、六安市和安庆市。人口较少的有黄山市、铜陵市和池州市等。在其他条件不变的情况下,人口越多,对房地产的需求越大。2018年安徽省常住人口增加68.8万,合肥市新增人口最多,达到12.2万。人口结构问题也值得关注,家中子女较多,尤其是男孩数量较多时,购房意愿往往更加强烈。

二、收入与贷款能力

2018年安徽省各城市GDP排名第一的是合肥,第二是芜湖,第三是马鞍山,第四是安庆,第五是滁州,第六是阜阳,排名靠后的依次有黄山、池州、淮北、淮南、铜陵等。从收入角度核算,城市GDP相当于城市各要素的收入。城市收入的差异也在某些方面反映出城市房地产市场的购买能力。从家庭角度来讲,人均可支配收入影响更大。中商产业研究院整理的城镇常住居民人均可支配收入排前几位的有马鞍山、合肥、芜湖、宣城、铜陵、蚌埠、黄山、淮南和淮北。城市间的人均收入差异也影响着家庭购房能力。

贷款能力也是决定人们能否顺利买到房屋的重要因素。现在购买房屋需要的资金量非常大,购房者在购买过程中除了自有资金外,往往需要进行借贷。能否获取住房公积金贷款或商业贷款都是有一定前提条件的,城市之间金融服务的水平和效率差异也将影响城市的需求状况,进而导致不同城市间的需求差异。

第四节 城市政策制定和实施影响房地产需求

2016年去库存开始以来各城市的政策并不完全相同,对房地产市场的影响也不尽相同。以合肥市为例,合肥开始采取了包括税收优惠在内的各种优惠措施,房地产市场很快库存大幅下降甚至出现供不应求的局面,合肥随后采取限购措施缓解供不应求的状态,限购政策一直延续至今。

非省会城市的反应没有省会城市合肥这么快,库存压力在2016年初期仍然较大,随后政府继续推进棚改货币化改革,将货币引流到房地产市场,很多城市随后两年出现市场火热、房价上涨的情况。不同城市结合自身的情况,制定的政策内容和时间不尽相同,对房地产市场的影响也不一样,从而导致了各地库存的差异。

从另一个方面来看,相似政策作用于不同类型城市的效果也不同。2016年年初开始去库存时,很多城市采用了减税的政策,有的城市房价迅速攀升,库存不足,但有的城市市场仍旧低迷,这和城市的原有基础不同有很大关系。

第五节 各地政府投资不同造成资源分布不均差异

各市财政收入不同,直接影响其财政支出能力。2019年1~8月份合肥累计财政收入1091.1亿元,排名第一,芜湖436.3亿元排第二,阜阳252.1亿元排第三,而池州只有81.3亿元排最后。从2019年1~8月份累计财政支出看,最高的是合肥782.1亿元,第二是阜阳448.1亿元,第三名是芜湖362.8亿元,最少的是池州109.0亿元。各地财政支出不同,很有可能导致基础设施和公共资源增长差异。如合肥财政收入排名第一,有足够的财力支撑合肥市的各项建设,比如多条地铁线的开工。政府有较充足的资金投入到教育和服务类领域,提升整个城市的便利指数。城市间由于政府投资差异导致医疗、教育、基础设施等资源差距越来越大,资源好的城市吸引到更多的购房者,资源差的城市甚至留不住本地购房者。

不仅是城市之间,县城之间也是如此。南陵县和芜湖县同属于芜湖市,芜湖县近几年投资巨大,计划开建新高铁站、修建"芜湖新芜国际机场"等项目工程,南陵县相对就少一些,芜湖县吸引了很多芜湖县内的居民购买房屋,房价相对于南陵县要更高一些,房地产市场更活跃。

不同城市的投资差别造成城市间的资源差异不断累积,房地产市场的需求量也就不同,从而成为导致房地产去库存不均衡的原因之一。

第六节　政府土地供应与房地产商预期不同

政府土地供应也对库存产生重要的影响。政府土地供应越多,房地产商拿地的概率就越大,也就有可能供给更多的房产。但是政府在土地供应过程中受到各种因素的影响,各城市根据自己的情况制定土地供应政策,城市之间存在差异。城市如果正好处于大力建设期,土地的供应可能就会比较多,如果城市的发展过热,政府可能就会限制一些土地供给。

除了城市供地之外,房地产商对未来房地产的预期也会对土地市场的供给产生影响。如果房地产商预期房地产市场未来火爆,那么房地产商的热情也会高涨,拿地的报价也会相应提高。但是,在市场形势不好的时候,房地产商一方面会降低土地拍卖的热情,另一方面也会放缓房地产开发建设速度,延缓房地产市场的商品房供应。

除了以上原因外,风俗习惯、地区偏好也是导致不均衡的原因。安徽地区差异比较大,比如各地结婚要求不同,有的地方可能更看重聘礼,有的地方更看重住房。结婚时要求男方要有住房的地区,当地居民可能更倾向于早点购买住宅。有的地方做生意的人比较多,更青睐商铺。有的地方更关注教育问题,学区房成为热门目标。房地产市场预期不同也会导致需求差异,对本地市场有信心,预期房价上涨的,房屋更好销售,反之则去化困难。逐利性也使得资金流向有收益的城市,价格洼地城市成为投资新方向。

第六章 安徽省房地产去库存非均衡导致的问题

安徽省去库存过程中出现了省会城市与非省会城市之间的非均衡问题、非省会城市之间的非均衡问题以及普通住宅类与公寓、商铺之间的非均衡问题。这些不均衡体现为去库存的程度不同、进度不同及引致的房价变化（主要是上升）幅度不同。安徽省房地产市场的这种去库存非均衡的发展状况必然导致很多社会经济问题。

第一节 普通住宅类商品房价格差异引发家庭财富水平变动

安徽省去库存过程明显伴随着普通住宅商品房价格的上涨。2016年安徽省去库存开始推进的时候,省会合肥的价格首先大幅上涨,高峰时期合肥房价猛涨将近6000元/平方米。合肥市限购政策推出之后其他部分非省会城市价格优势显现,处在价格洼地的城市逐步具备上涨优势,房价也在不断上涨。整体而言,安徽省省会城市和非省会城市以及非省会城市之间形成了动态价格梯度。这个梯度中,合肥市显然处在最高端,其他非省会城市随着政策、经济发展、人口状况等的不同而不同。安徽省商品房价格在去库存过程中呈现的这种状况使得不同地区、不同阶层的财富水平迅速变化,从而可能引致一系列问题。

一、房屋的数量及区位成为影响贫富差距的重要因素之一

由于房价的不断上涨,甚至超过收入的增速,房产成为衡量一个家庭财富水平的重要标志之一。不同地区同等面积的房产价值不同,合肥市商品房平均价格约为15000元/平方米,合肥市一套100平方米的商品房很可能价值150

万元左右,显然要比在淮南、芜湖的大部分同等面积的房产价值高,更要比很多小县城甚至农村的房屋价值高很多。因此,在此次去库存过程中,不同地区的家庭财富差异急剧扩大。

即使在同一区位,有房家庭和无房家庭的财富差异、有一套房家庭和多套房家庭的财富差异也在迅速拉大。对于无房者而言,想要在城市中(尤其是在合肥市)拥有自己的一套住房,成本将会非常高昂。对于新毕业的大学生和刚刚进入城市的劳动者,房价压力将非常巨大,甚至导致很多年轻人无法在大城市立足,有一部分长期在城市打工的人看到这一波房价上涨之后选择了回老家发展。过高的房价成为阻碍人口流入的原因之一。

二、财富水平差异拉大,可能影响人们的积极性

安徽省各城市去库存程度不尽相同,各个城市的房价上升程度也不同,财富积累的时间和级别也不一样。在房价上升比较显著的地区,对早期有房者来说形成的财富收益是明显增加的,而对于后来购房者而言成本显然是加大的。房地产去库存非均衡带来了阶层固化的可能性,就一个城市而言,无房家庭与有房家庭、有一套房与有多套房的家庭之间的差距在不断地扩大。拥有优质学区房的家庭除了财富升值外,还获得了更好的教育资源。城市之间差异变大,比如省会合肥由于房价迅速升值导致百万富翁、甚至千万富翁数量增加,而其他价格上升幅度较小的城市房屋价值增值显然没有合肥高。

去库存过程中房价增长的不均衡,导致财富差距拉大,同时房价的上涨导致当人们想从一个房价较低的城市到房价比较高的城市发展的时候成本变高。人们的收入增长远没有房价增长的速度快,通过收入增加拉近不同阶层的距离难度将会非常大,由于房价变动导致的财富差距可能很长一段时间都很难弥合。如果人们通过刻苦学习或勤奋劳动都很难实现购房意愿的话,这会影响无房族或新进入劳动力市场工作的人的积极性。

值得注意的是,财富差距的扩大可能不仅是短期的,还可能是长期的。对优势房产资本的占有,意味着财富的增加,能享受更好的资源,对下一代的教育投入就可能更大,下一代继承的财富也更多,形成不平等的代际传递,这可能会影响年轻人的积极性,不利于社会创新发展。

三、对实体经济和高新技术行业产生不良影响

一方面,实体企业运营的过程中,牵扯到很多因素,利润获得更加复杂,比如要考虑人工、房租、管理成本等各种成本,购买房产相对要简单很多,成本主要包括购买房屋的成本和贷款利息。很多企业在辛苦运营一年之后,发现所得利润远没有房产升值获得的利润大,资金自然更多地流向了房地产市场。近年来,常有新闻报道,企业运营一年还不如买两套学区房赚的钱多,这对实体运营的企业来讲,是一个沉重的打击,严重挫伤了实体经营者的积极性。另一方面,由于房价的上升,将导致一系列的成本上升,实体运营的利润会进一步被压缩。

高新技术行业显然对整个社会的技术进步和经济发展至关重要,比如在中美贸易摩擦中,最终两个国家在比拼实力时,创新创业能力是非常重要的考量因素。但在房价非均衡的影响下,一方面创新创业的运营成本高、风险大、资金流入少。另一方面有创新创业才能的人受到房价压力的影响,将更多的精力用于买房、还房贷等,阻碍了创新创业能力的发挥,这对整个经济和社会的发展将产生不良的影响。

第二节 不同类别房产问题依然严峻

普通住宅商品房库存问题远小于公寓和商铺,甚至局部地区普通住宅商品

房供不应求,面临补库存的局面。而公寓和商铺的库存问题一直比较严重,尤其是在很多非省会城市,去库存周期极长。

一、公寓和商铺持续销售困难,资源闲置浪费

安徽省在这一轮去库存过程中,无论是省会城市还是省内其他城市,公寓和商铺的库存压力大是一直存在的问题,甚至有些地区非住宅的去化周期变得更长。造成公寓和商铺销售困难的原因有很多,当然也不纯粹是房地产市场自身问题,它是一个系统性问题,想要解决公寓和商铺库存大的问题,不是简单的去库存机制就能解决的,比如说商业发展过程中,网络电商竞争力的加强也会导致实体商铺的不利局面。房地产市场上一方面存在普通住宅商品房供不应求,另一方面却存在商铺和公寓闲置的状态,这显然影响了资源的优化配置,造成资源的巨大浪费。

二、普通住宅类商品房价格长居高位,下行压力大,经济波动风险加剧

安徽省房地产去库存过程中不同的城市普通住宅类商品房价格轮番上涨。房地产市场火热时,人们购买热情高涨,商品房供不应求,价格持续上升。但是房地产市场不可能只有上涨而没有下跌。房价上涨到一定程度,可能会出现泡沫,价格波动的风险在不断增加。2018年下半年以来,安徽省有很多地区已经显现出价格下降的风险,比如合肥部分楼盘降价销售等。房产是老百姓最主要的资产,如果房地产市场价格剧烈波动,家庭财富将相应波动,严重影响人们的生活,这将带来一系列的连锁反应,甚至引发经济周期波动,增加人们的不安全感。

第三节 去库存政策考虑因素众多,调控难度大

李克强总理在2019年的政府工作报告中提到要"落实城市主体责任",行之有效的房地产政策显然有助于安徽省去库存的推进,但是安徽省去库存非均衡的局面使得政策的制定和实施都面临极大的挑战。

一、同时兼顾不同类型房地产难度大

政策需要兼顾的因素有很多,在房地产市场进行调控的时候要兼顾住宅类与非住宅类房地产。两种类型的房地产,市场供求状况差异很大。针对过热的住宅房地产市场需要政策进行降温,非住宅类的房产需要政策予以支持,但很多相关政策不可避免地对两种类型的房地产都有影响。政策制定和实施过程中要尽量避免顾此失彼,使得分化更加严重。

二、照顾不同地区情况,必须因地制宜

安徽省内各城市去库存是非均衡的,甚至一个城市内不同区域、不同开发商、不同档次的房地产也是不均衡的,这就要求一城一策,甚至一城多策,因时因地制定政策。

三、政策必须全面且具有前瞻性

房地产的政策会影响社会生活的很多方面,直接关系到居民最基本的生活情况,甚至关系到人口移动、分配公平与社会安定,使得政策的制定和实施更加复杂。一旦房地产形势转向,比如住宅类房地产价格飞速下跌,将会引起连锁反应,甚至引发经济波动,因此,政策制定就要求有较高的前瞻性。

第七章 房地产市场去库存相关政策经验

2015年年底以来全国推进房地产去库存政策,房地产市场发生了很大变化,各地区采取了很多政策。针对去库存过程中部分城市库存快速下降、价格快速攀升的情况,很多城市采取了限购政策;针对去库存过程中,购房市场与租房市场的不均衡,采取了租购并举的政策;针对三四线城市去库存缓慢,大力推进了棚改货币化补偿政策;针对市场需求问题,出台了人才争夺政策等等。可以说,不同的政策在相应阶段和地区的房地产状况下发挥了自身的作用,但是也存在着各自的问题,下面重点分析不同政策的实施状况和存在的问题。

第一节 限购重拳的出击

如果一个城市库存非常严重,通过推进去库存政策(减税等),房地产商可以消化过剩的库存,房屋需求方也可以享受到购房的政策福利,这对买卖双方和整个市场都是有利的。但是现实情况是:2016年大力推进去库存政策后,一些一二线城市及热点城市房价迅速攀升,部分地区房价甚至出现30%以上的同比涨幅,合肥、厦门、苏州和南京房价涨幅更是惊人,合肥最高时达到46.8%(2016年10月)的同比涨幅。伴随房价的飙升,购房者显然感受到巨大的压力,减税带来的优惠远远赶不上房价的涨幅,房地产商乐意看到房价上涨,但是并没有足够的库存供应,房价上涨的预期难以缓解。

不难看出,这些城市往往是库存并不是很严重的城市,需求的突然释放形成了供不应求的局面,导致出现需要补库存的情况。库存很难在短时间内补上来,在房价不断上涨的预期下,购房需求高涨,很多城市在此时推出了限购政策,通过限制购房者的户籍、购房数量和贷款资金量等起到降低需求数量的作用。2016年9月5日杭州执行限购政策,本市户籍人员有两套住房、非本地户籍拥有一套住房的限制购买。随后很多城市纷纷跟进,既包括北京这样的一线城市,也包括天津、郑州、成都、济南、合肥等二线城市。

一、限购政策的效果

(一)房价涨幅下降,房地产市场逐渐平稳

限购政策的效果可谓立竿见影,像合肥、杭州等城市在限购政策出台之前,房地产市场供不应求,房价几乎每周都上浮,人们四处寻找在当地的购房机会,如果不实行限购政策,这些重点城市的房价将持续攀升,限购政策推出后,较为有效地阻击了热点地区房价的盘旋上升,当地房地产市场趋于稳定。

(二)转移效应

限购地区需求被抑制后,资金流向周边和其他地区。作为2016年房价上涨"四小龙"城市之一的合肥,在市区限购之前,房价呈现不断上涨的趋势,人们讨论的都是买房投资,导致一房难求,进而房价继续上涨,更坚定了大家的上涨预期。限购政策出台后,货币放在手中的不安全感和资本的逐利性,导致人们迅速从周边地区寻找获利机会。合肥市不限购的地区(如长丰、巢湖等)成为投资热点,甚至有很多投资人专门考察长沙房地产市场,当时很多合肥的购房者带着资金去长沙购房。也有部分购房者看到合肥购房无望后,返回老家买房,导致资金流向其他城市,甚至是县城和农村(自建房)。可见,限购政策一方面抑制限购地区的需求,另一方面把部分需求转移到其他城市或地区。

二、限购政策的退出时机

限购政策有可能影响刚需和改善型购房者,而且随着经济发展和房地产市场变化,限购政策不可能一成不变,尤其是在城市房地产市场有下行压力、经济不够活跃的时候,继续固守原有的限购政策可能使得房地产市场衰退,继而引发一系列经济和社会问题。放松或取消限购也要谨慎,以防产生房价上涨的预期,使得前期限购的成果化为乌有。因此,限购政策的放松或取消需要把握时机,结合当地经济和社会状况,切实落实城市的主体责任,有计划、有步骤地制定和实施相关政策。

第二节 租购并举的长期坚持

租购并举的政策主要是用来修正以往市场中"重购轻租"的情况,大力发展租房市场,有力地推动房地产市场的协调发展。2015年年末召开的中央经济工作会议中提出大力推进"租购并举"的政策建议和实施方案。党的十九大报告中明确指出房子是用来住的,不是用来炒的。为了让老百姓住有所居,要建立多主体供给、多渠道保障的租购并举的住房制度。在此指导思想下,很多城市陆续开展租购并举政策的制定和推行,大力发展租房市场,推进租购同权。广州、深圳、南京、合肥、郑州、武汉等12个城市成为第一批开展住房租赁试点的城市。

大力发展租房市场,广州市成为首批试点的城市之一,2017年7月印发了《广州市加快发展住房租赁市场工作方案》(以下简称《方案》),积极推进租房市场的建设与发展,加快构建租购并举的住房体系,并率先提出租购同权的概念,积极落实积分入学中租购同权的建议。

一、广州市租购并举的政策特点

(一)《方案》内容全面

《方案》在很多方面打消了租房人的顾虑,保障了租房人的权益。保证租房人能够享有相应的公共服务,强调教育资格方面的租购同权,解决租房人子女的受教育问题;提高租房过程中公积金提取的额度,落实相应的税收优惠,逐步加大租赁补贴制度来减轻相关租房人的经济压力;保护租房人稳定的居住权,保障租房人的健康安全环境,为人们长期租房生活提供保障。

《方案》提出要提高租房市场的供给,保障市场供给平衡。《方案》还给出很多增加出租房屋供应的方案,比如将租赁住房的土地供应纳入年度土地供应计划,允许符合规定的商品房按规定改造成出租房屋,个人住宅可以改建进行租赁等。《方案》也意识到租赁产业如果能健康发展,可能成为新的经济增长点,为经济发展注入活力。为了保证租赁产业的发展,一方面鼓励租赁市场主体多元化,提升租赁的规模化、集约化和专业化水平,另一方面促进房屋租赁信息服务平台的建设并积极发挥行业协会的作用,促进租赁市场的产业发展。

(二)注重组织领导和统筹协调

《方案》高度重视组织领导和统筹协调,既制定了政策,也制定了相关的牵头和配合单位,落实各相关部门的责任。比如,保障教学资源租购同权,明确要求市教育局牵头;提高住房公积金对租赁住房的支持,要求广州市住房公积金管理中心牵头;关注"城中村"现代租赁服务业的发展,市住房和城乡建设局要起到领头作用,各部门及各地区政府要积极配合。

(三)政策落实较好,保护租房人子女受教育权益

广州市大力发展租赁市场,积极推进租购同权政策落实。2018年以来积极落实积分入学的方案,广州市各个区都改进了积分入学的相关规定,加强积分计算中租房的比重。如广州的海珠区购房或租房的外来人员子女入学时最高积分均为30分,租房与购房加分相同,切实保障了租房人子女的入学权益。

二、其他地区租购并举的进展

各地相继推出促进租购并举的政策,为租房人带来很多利好消息。但是各地政策不尽相同,就租房人入学方面的规定,各地区还是有差别的。以教育资源较为紧张的北京为例,在2018年4月发布的《北京市教育委员会关于2018年义务教育阶段入学工作的意见》中提到了"京籍无房家庭可在租住地入学",这个规定有助于京籍没有住房的家庭租房入学,但显然还没有扩展到非京籍租房家庭。

相对而言,成都的入学政策要宽松很多,来成都的外地户籍人口,只要租住在成都,并符合相关的管理规定,随迁子女也将享受教育权利,确保成都的租房入学政策对外地户籍人口同样有效。

合肥市也明确规定租房可以就近入学,外地户籍的学生只要取得居住证满一年,提供相关的就业合同或营业执照,即可享受入学受教育的权利。如果租房时间达到三年或以上,将尽量安排就近上学,解决租住人员子女的上学问题。但是还有很多城市没有明确地提出如何保障租房人子女入学的具体规定和细则。

三、租购同权的政策评价

(一)租购同权的优势

1. 强调租购同权,照顾低收入群体

租房人往往是收入比较低的群体,租购并举的政策有利于促进租购同权,使得低收入群体同样可以享有公共服务权利,比如享受当地教育资源,获得医疗服务等,有利于提高社会资源分配的均衡性,促进社会公平和稳定。

2. 促进资源合理分配

在大力发展租房市场时,很多政策都提到了扩大租赁市场的供给,比如对公寓或者商铺进行改造用于租赁,商铺和公寓处于库存过剩的状态,这样的政策有利于资源的合理利用。

3. 有利于房地产市场协调发展

租房市场的建设将改变房地产市场中"重购轻租"的局面,使得房地产市场的稳定不仅仅依靠购房市场,还能有赖租房市场的稳定作用,增加政府调控房地产市场的手段,有助于房地产市场的稳定。

(二)租购同权的问题

1. 后续政策推进有待加强

为了推进租购同权,各地出台了一些相关的政策,但是后续的细则落实,还有待进一步加强。

2. 租购同权前提条件较多

租购同权政策中包含的前提条件较多,比如广州市虽然积极推进租购同权,但积分落户还有一些限制条件。甚至有些城市的前提条件过于严苛,使得租购同权对于很多租房人来说实际上并不可行。

3. 租房市场尚需监督引导

租房市场仍然有很多问题,租房人顾虑仍比较多,还需要更多的努力来吸引租房群体,比如前期爆发的大型租赁企业的室内污染问题,需要加强行业监督和引导。租购同权后的租金上涨(占位费)等问题也要引起关注。

四、合肥市租购同权对租房市场影响调研

合肥市也在推进租购同权,进行租购并举。本书也对合肥市新毕业的大学生进行了相关调研,合肥市新毕业的大学生显然是急需租房的群体,也是城市吸引人才流入的重要目标。附录2(有效问卷103份)分析了合肥市新毕业大学生的租房偏好,其中租金水平、物业管理、工作距离都是重要的考虑内容。附录3(有效问卷139份)重点探讨了"租购同权"政策下能否促使受访者长期租房,从而有助于租房市场的发展。

受访者中约39%的人能接受的租金范围为500~1000元,约37%的人能接受的租金范围为1500~2000元,对租购并举相关政策了解一部分的占53%左右,一点不了解的占39%左右,仅有8%左右的人表示了解或非常了解。在询问受访者愿意短期租房还是长期租房时,选择短期租房的约占57%,长期租房的约占43%,在提出如果能够租购同权时,愿意长租的比例增加至68%以上,租购同权的政策显然能增加受访者的长租意愿,有利于租房市场的发展。当详细给受访者介绍了相关"租购并举"的政策后,有接近80%的受访者表示长期租房意愿上升。由此可见,租购同权的相关政策如能更好地推广,将有利于长租市场的发展,从而减缓租房市场与购房市场的不均衡。

第三节　人才引进的多方争夺

一、人才争夺战

长沙市在人才争夺战中力度一直比较大。2017年,长沙市推出各种优惠落户的政策,为了吸引大学生落户长沙,甚至推出了"零门槛"落户政策。长沙市不仅放宽了落户门槛,还同时推进了购房政策,对新落户的长沙市民给予购房资格,甚至是资金补贴,随着政策的推进,明显增加了长沙的购房需求。长沙的政策虽然引起了很多热议,但当时跟进者很少。2018年上半年人才战变得激烈起来,很多二线及热点城市相继发布人才引进的优惠政策,南京、郑州、成都、杭州、西安、武汉、合肥等都纷纷出台落户优惠政策,给予购房优惠等,一线城市如北京、上海等也加入了人才争夺战中,虽然力度没有其他城市大,但与之前相比,也做出了很大的让步。西安是这场人才大战中表现最突出的城市之一,户籍新政效果显著,至2018年12月11日,已有75万"新西安人"成功落户。

二、门槛高低之争

在城市吸引人才的争夺战中,根据落户门槛的高低,明显分成两个阵营。一方是真正的"人才争夺战",对于引进的人才有较高的标准,比如对学历和行业有明确要求,追求的是高端人才,一般人想落户还是很不容易的,此类阵营以北京和上海等一线城市为代表。另一方更像是人口争夺,落户门槛远远低于北京、上海的要求,甚至对高校毕业生采取"零门槛"落户政策,还有很多人可以通过投靠亲友等方式落户,政府简化落户程序,提供落户便利。

很多专家从不同的领域对"人才争夺战"进行了解读,本书主要从房地产发展方面进行分析。随着落户门槛的不断降低,城市吸纳的新市民不断增加,新落户人群往往是购房的刚需族,将直接增加房地产市场上的需求。在供给没有明显变动的状况下,房地产市场价格有可能上涨。实际情况也证明,2018年上半年西安和武汉随着落户人数的剧增,房价均有明显上涨。2018年12月24日在京召开的全国住房和城乡建设工作会议全面总结了2018年住房和城乡建设工作,支持人口流入量大的一线、二线城市和其他热点城市高质量发展,为了防止可能出现的房价大幅上涨的情况,鼓励各地发展租房市场。

三、合肥新毕业大学生区域选择

本书也对合肥市新毕业大学生的区域选择进行了调研(附录4,有效问卷304份),以此观察合肥市大学生的流动方向。从生源地看,此次调研中省内生源约占72%,省外生源约占28%,通过分析发现,合肥市新毕业大学生意向流向的主要区域是东南沿海地区,但是合肥市也成为他们的重要选择区域。由此可见,地区经济发展状况影响新毕业大学生的区域选择。因为经济越发达,就业机会可能越多,薪资也相对较高。合肥市除了与省内其他城市竞争外,还要面临东南沿海城市的竞争,提供有吸引力的政策是必不可少的。通过分析也发现,虽然新毕业大学生向往经济发达地区,但不断上涨的生活成本也在阻碍着大学生们的选择,城市的房价和房屋租金高低也是影响毕业生选择的重要因素之一。合肥市近些年房价较高,为了吸引新毕业大学生留在合肥,也出台了很多优惠和补贴政策,比如毕业生租房补贴、高层次人才购房优惠等,以期吸引人才。但是对于这些优惠政策,本次调研中,约42%的学生并不了解,仅有约

15％的学生比较了解,因此,还需要加强宣传力度。

第四节 棚改货币化安置政策的影响

拆迁安置一般分为实物安置和货币化安置,同实物安置周期长、户型问题突出相比,货币化安置具有周期短、见效快的特点。2015年住房和城乡建设部与国家开发银行联合发布了《关于进一步推进棚改货币化安置的通知》,棚改货币化安置政策开始大力推广。棚改货币化安置的一个突出问题是地方政府如何获得补偿拆迁户的资金,在此过程中创新性政策工具PLS起到了重要的作用,PLS指的是抵押补充贷款,即中国人民银行向国家开发银行提供贷款,由其定向贷给地方政府用于棚户区货币化安置,以解决地方政府安置资金不足的问题。

一、棚改货币化安置的应用

我国房地产市场去库存初期,一二线城市库存大幅下降,但三四线城市库存压力仍旧巨大,房地产市场依旧比较低迷。为了应对三四线城市这种情况,棚改货币化政策近年来推广开来。许多三四线城市大力推进棚户区改造,对拆迁户进行货币补偿,很多地方甚至采用直接给钱和房票的形式,推动当地房地产市场发展。

2018年年底召开的全国住房和城乡建设工作会议高度关注棚户区改造问题,会上提出要积极推进中低收入群体的住房问题,加大住房保障体系的建设,继续推进棚户区改造,改善棚户区住房环境。2018年全国棚户区改造超额完成了580万套的目标任务,截至当年11月底,全国棚户区改造已开工616万套。

很多三四线城市在国家开发银行资金的支持下大力开展棚户区改造,安庆市也积极推进相关棚户区改造项目。安庆市在棚户区改造中采用了房票的形式,拆迁户拿到房票后可以在安庆市购买新建商品住宅和二手住宅。2018年10月16日发布的棚改规定明确提到棚改货币化补偿也可用于购买非住宅房产,这意味着房票在安庆市也可以购买商办、商铺、公寓等不动产,有利于减少此类型房产库存。2018年年底至2019年年初,本书也对安庆市的棚改货币化进行了调研,调研表见附录5(有效问卷102份),询问受访者对棚改货币化的直观感受,大约52%的受访者提到房价上涨,约30%的受访者提到物价变高,约18%的受访者提到开发商增多。一方面,棚改货币化确实起到了快速去库存的作用,但是另一方面,安庆市房价在棚改货币化期间上升明显,快速上涨的房价逐渐使一部分购房者进入观望状态。综合来看,在三四线城市进行棚改货币化的去库存政策,可以有效减少库存,但也存在一些问题。总之,棚改货币化对于房地产市场发展既有优势也有不足。

二、棚改货币化安置优势

(一)快速去库存

棚改货币化的抵押补充贷款使得地方政府有足够的资金支持和扩大棚改项目,拆迁户拿到资金(或房票)后迅速投入到房地产市场,对去库存有立竿见影的效果,去库存过程中往往伴随着一定幅度的房价上涨,房价的变化使得消费者产生正向预期,可能引发房地产市场中的非拆迁户也加入需求方,进一步减少了当地库存。

（二）繁荣房地产市场

对于三四线城市而言，人们购买住宅的需求变动较小，但棚改货币化安置可以直接启动市场需求，起到繁荣房地产市场的作用。

（三）拆迁户收益较多

棚改货币化安置的过程中棚户区的民众受益较多。一方面，他们可以通过棚改货币化安置方式获得购买房屋的资金，快速改善住房条件；另一方面，三四线城市在棚改货币化安置过程中，伴随着房价的上涨，部分拆迁户家庭房产财富迅速增加。

三、棚改货币化安置的问题

棚改货币化安置也有其不足的方面，而且其负面影响开始引起政府的高度重视。

（一）提前透支需求

棚改货币化安置在某种程度上是透支了未来房地产市场的购买力，一方面是拆迁户的实际购房需求，另一方面是看到房价上涨迅速投入房地产市场的消费者的需求，后一种非理性需求是对未来购买力的提前透支。

（二）库存消耗速度快，引发房价上涨

棚改货币化安置在消除库存方面确实有很大的优势，但是由于部分三四

线城市房屋库存有限,迅速投入到市场上的需求不能立刻得到满足,甚至出现供不应求的局面,导致库存状况逆转而出现需要补库存的情况,由此造成房价上涨,人们在买涨不涨跌的房产消费偏好影响下,会造成房价进一步上涨,从而形成非理性繁荣。

(三) 维持房地产市场繁荣后继乏力,房地产市场可能出现较大幅度波动

对于三四线城市而言,房地产市场长期维持这种繁荣局面后继乏力,既没有持续性的需求来补充市场,也没有增长性的产业来支持购买,仅仅棚改投入的资金远远不足以支持三四线城市房地产的长期稳定发展,甚至可能造成周期性波动。如安庆市的房地产市场,随着棚改货币化而不断升温,但2018年10月突然又出现交易上涨减缓的情况,值得关注。

综合来看,棚改货币化安置虽然能够快速、准确地减少库存,但也存在一些问题,尤其是在房价上涨较快的区域,需审慎使用这种方案。货币化安置与实物安置需综合考虑,积极推进旧改政策。

从各地去库存的政策来看,不同的城市随着时间的推移,政策是不断变化的。总体来看,一二线城市和重点城市早期较多采取限购政策,后来房地产市场平稳后又开始采用人才争夺策略,三四线城市近两年较多采取棚改货币化政策促进房地产市场去库存。

第八章 促进安徽省房地产市场协调发展的政策建议

安徽省近几年房地产去库存卓有成效,整体库存数量不断下降。但是仍存在去库存不均衡的问题,相对而言普通住宅房地产库存比较低,而公寓和非住宅类房地产普遍存在库存较多的问题。省会城市与非省会城市之间,不同非省会城市之间也存在去库存非均衡问题。结合安徽省的实际情况,提出以下应对安徽省去库存非均衡的建议,以期促进安徽省房地产市场协调发展。

第一节 大力发展租赁市场,建立租购并举的住房制度

导致普通住宅类房地产供不应求、房价上涨的一个重要原因是普通住宅的替代品不多。租房可以看作买房的一个替代选择,如果人们能通过租房来满足自己的居住需求,可以缓解房地产市场普通住宅购买需求过旺的情况。但是人们在租房时往往顾虑较多,为了解决市场上购房为主的局面,要大力发展租赁市场,为租房者提供良好的服务,加大政策力度,解决租房人的后顾之忧。

一、减轻租房人各种顾虑,提高租房人租房意愿

租房人往往处于弱势,担心房东可能涨价、变更合同、难以收回押金等,这使得租户缺乏安定的居住环境。由于可能需要搬家,租房人往往不敢添置太多家具和生活用品,居住质量也随之下降。尤其是对人口较多的家庭,租房生活往往更不便利。政府要保障租房人的合法权益,建立有效的规范机制,确保租房合同效力,使得房东不能随意违约或违约成本极高,以便租房人能够在城市里安居。鼓励签订较长时间的租房合同,对此类合同政府可以给予一些补贴或

税收优惠,使得人们能逐渐接受租房为家的生活。

教育资源的获取也是影响租房的重要原因,安徽省要继续推进租购同权,合肥市已经规定在合肥租住同一套住房满三年,并连续交税满三年的,在资源许可的情况下,可以就近入学。安徽省各城市都要积极帮助解决租房人的子女入学问题。除了教育资源外,医疗补助、出行服务等方面也要不断推进租购同权,这可以在很大程度上提高人们的租房意愿。

二、建立专业租赁公司,加强对租赁公司的监管

安徽省房屋租赁市场也有不少房屋租赁公司,但是质量参差不齐,收费标准、服务质量、后期保障等很多方面缺乏有效监管。安徽省应当鼓励成立更加专业化的租赁公司,为出租人提供更为可靠的服务,这也是大力发展租赁市场的重要内容。同时也要关注对专业租赁公司的监管,以防出现资本进入后,企业过度追求回报而损害出租人利益的问题,如链家旗下自如公司的装修污染问题,企业在追求利润最大化的过程中,有可能侵害到消费者的利益,给整个租房市场带来不良影响。

三、增加房源供应,满足租房需求

租房意愿上涨必然带来租房需求的增加,保障租房供应对大力发展租赁市场极为重要。否则,租房意愿上涨带来需求增加,供给却没有相应的增长的话,房租上涨的问题将迎面而来。可以多方面增加可租房屋供给,鼓励有多套房的居民提供房源,或者交给专业租赁公司管理,鼓励拥有自有资产的企业提供出租业务。集体土地也可建设房屋或小产权房用于扩大出租供给。政府也可收购或建设房屋用于廉租房或公租房出租,从而保障低收入或新进入城市的群体

的住房需求。

总之,大力发展租赁市场,建立租购并举的住房制度,有助于缓解普通住宅类房地产库存较低、房价较高的问题,有利于房地产市场稳定发展。

第二节 减缓普通住宅高房价带来的负面影响,引导人口流入

安徽省房地产市场的非均衡发展中,普通住宅类房屋价格普遍偏高,既影响了人口流入,也阻碍了人才引进。人口作为重要的资源,是城市经济发展重要的力量,如果人口不足,将会影响到地方经济的长远发展。人才作为重要的人力资本,在科技、创新等发面发挥着重要作用,全国范围内各重要城市都在争夺人才,合肥及安徽各地也要积极创造环境、吸引人才。

一、稳定城市既有人口,吸引人口流入

人口是重要的劳动力资源,从这个角度来说人口流入意味着资源的增加,况且如果一个城市人口不足,甚至持续下降,未来发展一定缺乏动力。人口从乡村流入城市,既是人们追求更好生活的需要,也是城市化发展的必然结果。安徽省各城市要为新入人口和城市低收入人口提供保障。首先要保障居住问题,完善市场租房体系,监控租房市场发展,确保租房人利益,还可投资购建廉租房和公租房为新入人口和低收入群体提供居住保障。其次要保障其家庭和子女的权益,包括子女受教育权益及家庭成员的社会、医疗保障等。当然,经济的发展、更多的就业机会、宜居的生活环境都是吸引人口流入的重要因素,各个

城市可以结合自身的特点,吸引人口流入,扩大人口规模。

二、吸引人才、留住人才

安徽省各城市的建设和发展中,人才都起到十分重要的作用。如何吸引到需要的人才,并且将人才留住是非常重要的命题。以合肥为例,合肥市致力打造"创新之都",没有人才是很难实现的。当然合肥市作为安徽省省会,还是有一定吸引力的。但是从全国甚至全球范围内争取人才,合肥市还是有欠缺的。合肥属于东部城市,近几年发展很快,但经济相对于上海、南京而言,还是有很大差距,而且近几年,很多城市抛出丰厚的政策吸引人才,人才争夺激烈。合肥市也要切切实实地拿出优厚的待遇来吸引人才,尤其是亟须的高端人才。比如鼓励和补贴用人单位给予人才较高的收入,提供部分安家费、租房补贴,给予购房优惠等,政策要具有竞争力,以便能够顺利招到所需人才。除了吸引人才外,还要注意留住人才,要为科研人员提供良好的工作和生活环境,不要让引进的人才觉得无用武之地,积极改善科研、创新环境,既留住人才,又能够服务地方经济发展。除了合肥外,安徽省其他各地也要积极发挥自身地市特点,结合人才政策,积极吸引人才。

总之,无论人口还是人才,都是城市发展的重要力量,安徽省各个城市要减少住宅价格偏高的负面影响,积极做好政策宣传,吸引人口流入,促进人才落户。

第三节 合理使用棚改安置政策,切实改善棚户区民众生活

2018年全国棚改共动工626万套,基本建成511万套,棚改成效显著。棚改货币化在全国三四线城市开展得如火如荼,有力地推动了三四线城市房地产库存的减少。2018年安徽省不少城市也大力推进棚改货币化项目,很多地方迅速改善了库存状况,提高了棚改区群众的生活质量和财富水平。但是问题也随之而来,最突出的是对当地房价的推动作用。三四线城市由于棚改货币化的影响,短期内持有房票的购房者要在一定时间内购买房屋,购买区域又相对比较集中,导致局部地区迅速形成需求大于供给的情况,价格攀升,从而又导致房票持有人和其他购房者更高的房价预期,供给短缺的形势进一步扩大。但是三四线城市需求后继乏力,需求旺盛期过后,又面临需求下降、预期下降,极易导致房地产市场较大波动。三四线城市要不要进行棚改货币化推进引起了争议。

2019年全国多数城市调低了棚改数量,政府在推进时更加平稳,但是并不意味着棚改货币化就完全不用了,2019年政府报告中提到"推进保障性住房建设和城镇棚户区改造"。无论是棚改货币化安置还是实物安置,都各有其优劣势,安徽省各城市在拆迁中要结合形势变化,组合使用。无论是棚改贷还是棚改债,都要综合考虑收益、成本、经济和社会影响。棚改过程中要不断创新棚改方式和资金来源,以期更好地服务棚户区人们的生活和当地经济发展。当然随着近几年棚改的不断推进,棚户区的数量也在不断下降,旧改越来越受到重视。

第四节 加大公寓类和商业、办公类房产去库存力度,优化资源配置

安徽省各市非住宅类房地产的去库存周期远大于住宅类房地产的去库存周期。如淮南市 2018 年非住宅类房地产去库存周期长达 32 个月,大量的非住宅类房产闲置。虽然住宅类房产库存压力小,但是由于性质不同、税费不同、投资收益不同等原因,导致消费者并不偏好公寓,公寓类住宅的库存压力也是非常大的。一方面有人买不到房(普通住宅)、买不起房(普通住宅),另一方面存在公寓和商铺、办公大楼闲置现象,资源分配不合理,存在资源浪费情况。单纯依靠市场供求很难解决这个问题,各地政府要加大公寓类和商业办公类房地产去库存力度,优化资源配置。

一、政府购买

政府可以收购部分去化周期极长的公寓用于保障性住房投资,大力发展廉租住房和公共租赁住房,优先提供给新市民和低收入群体,一方面解决资源浪费问题,另一方面解决部分人群的住房问题。

二、创新使用用途

鼓励将商铺或办公大楼等房地产转换为科技企业孵化器、众创空间等,既

可以减少库存，又能为创新创业服务。但是这也需要政府给予一些补贴，促进此类房产使用，并有利于创新服务。政府还可以改造一些房产用于文化、教育、养老、体育等具有公益性质的行业，更好地利用资源服务社会。

三、增加购买需求

公寓类、商业类、办公类房地产库存大的一个很重要的原因是需求少，政府可以想办法增加购买需求。比如安庆市进行棚改货币化推进时，规定房票可以用于购买商办、商铺、公寓等不动产，有利于增加这些资产的购买需求。政府也可以尝试改变这些房产的税费或年限规定，吸引消费者购买。

四、发展租赁业务，成立专业租赁公司

如此多的闲置公寓、商铺和办公等资产纯粹依靠销售是不够的，大力发展租赁业务亦非常重要。成立专业租赁公司，为租户提供优质服务，是解决该问题的一个重要途径。

五、严格审批

房地产去库存的困难问题，不是单一因素引起的，受消费者偏好、收益性等因素影响，也受到经济转型、实体经济迎接网络经济挑战等影响，不是一朝一夕就可以解决的。在这些房产库存量大、去化周期长的状况下，政府要严格审批此类用地，以防形成更大库存压力。

第五节 稳地价、稳房价、稳预期

2019年李克强总理在政府工作报告中强调要"促进房地产市场平稳健康发展"。可见2019年房地产市场"稳"字当头。就安徽省各地区而言,普通住宅类房地产和公寓及非住宅类房地产的价格和预期都要密切关注。尤其是住宅类房地产市场,价格波动风险较大,而且普通住宅类房地产的价格变动也会影响公寓和非住宅类房地产价格的变动。安徽省普通住宅价格变动向上和向下的压力都有。一方面,由于棚改货币化安置等去库存政策推进,房地产市场需求增加,价格预期可能会上涨。另一方面,部分楼盘降价促销,市场也存在房价下跌的预期。预防普通住宅房地产市场的大幅波动是2019年安徽省房地产管理的一项重要任务。人们的预期可能是非理性的,盲目乐观和悲观都可能导致房地产市场大幅波动。以安庆为例,2018年9月底时,购房者还众多,房地产市场充斥上涨预期,一套房源挂出来,吸引众多买家,但到10月下旬很多购房者就进入观望状态,市场开始冷清。因此,稳预期非常重要,要预防非理性预期变动导致房地产市场大幅波动。政府要不断强调房子是用来住的,不是用来炒的,不要放任房价大幅上升或下降。

要注意"稳"不是指一成不变,因循守旧是无法应对不断变化的房地产市场的。但是政策的制定要具有前瞻性,因为政策出台对市场产生的影响往往不是单一的,要系统考虑。比如一方面合肥的限购政策很好地抑制了合肥房价的快速上涨,但另一方面将部分需求转移到了其他城市,同时合肥部分需求受到了压制,如果合肥限购政策放松甚至退出的话,合肥市房地产市场很可能出现反弹,房价可能又会急速上涨。但是如果房地产市场出现低迷,迟迟不放松限购,市场可能会持续低迷。因此,稳房价、稳预期要求政府须不断提升形势研判能力和政策制定水平,政府要密切监控市场变化,综合分析影响因素,促进房地产市场稳定发展。

第六节 落实城市主体责任、强化因城施策及房地产市场监管

因城施策、落实城市主体责任是平衡安徽省房地产发展的重要因素。2019年3月5日的李克强总理报告也提到"要更好解决群众住房问题,落实城市主体责任"。

一、落实城市主体责任,主动服务地方房地产发展

一方面,落实城市主体责任有利于激发城市的主动性。无论是"夯实"还是"落实"城市的主体责任,都要求城市承担起自我管理的主体责任。城市如果只是被动地接受管理,很难充分发挥自身的积极性和能量,只有高度意识到自己的管理责任和义务,才能更好、更主动地建设好城市、服务好群众。

另一方面,落实城市主体责任,有助于因城施策。城市作为主体,更加了解自身的情况和特点,能更加因地制宜地制定房地产政策,服务地方发展。合肥市显然更了解合肥地区的房地产发展情况,淮南也更熟悉自身房地产状况,每个城市专注分析影响本城市房地产发展的因素,能更好地促进房地产发展。

二、强化因城施策、协调城市内部房地产发展

安徽省省会城市与非省会城市去库存是非均衡的,非省会城市之间去库存的轨迹也不尽相同。人口规模、收入水平、房地产政策、城市发展、传统习惯等都影响着城市的房地产去库存水平,造成不同城市去库存差异。而且这些影响因素对不同城市的影响程度也是不同的。比如合肥市限购政策在省内是最严厉的,对合肥房地产市场的发展有不可避免的重要影响。非省会城市直接受限购政策影响并不大,但大多也间接受到合肥市限购政策的影响。对部分非省会城市去库存影响更大的可能是棚改货币化政策,比如安庆、阜阳等地区,棚改货币化政策直接推动库存下降,带动当地房地产市场升温。有些地区人口结构、社会习俗等可能影响较大,比如有的地区从商的人比较多,商铺销售较好;有的地区结婚时要求男方买房子,婚房刚需坚挺。安徽省还有一些城市是资源型城市,资源的价格影响当地的财政和居民收入,显然也影响人们的购房能力。

由此可见,不同城市影响房地产发展的因素和重要性是不尽相同的,尤其是不同类型的城市,只有因城施策才能更好地解决安徽省房地产发展问题。比如省会合肥市,限购政策的坚持或变动将对城市房地产发展产生重要的影响,需要合肥市政府审慎操作;安庆、阜阳等城市受到棚改货币化影响较大,棚改货币化带来的房地产变化需要密切观察,积极推进旧改政策。受资源限制的城市要考虑如何切实提高居民的收入水平,增加房地产市场需求。

因城施策并不是简单的一城一策,在同一城市内,不同区域、不同类型房产发展也是不均衡的。比如同是芜湖市的两个县城,房地产发展状况差异很大。因城施策也不能只盯着自己的城市,其他城市变动带来的影响也要考虑在内。因城施策要注意区域差异、类型差异,政策也要因时而变,同时兼顾政策的协调性和稳定性。

三、强化房地产市场监管,提升科学决策能力

落实城市主体责任,因城施策,对城市的管理方提出了很高的要求。不仅要考虑城市内部的微观环境,还要考虑城市之间的变动影响,提升科学决策能力至关重要。提升科学决策能力,首先要掌握充分的信息,尤其是与房地产市场相关的各种信息。要准确地搜集影响房地产供给和需求的各种信息,及时整理,并通过相应的渠道进行公布,为后续的政策制定奠定基础。

信息及时准确是政府开展工作的基础。比如 2018 年 9 月份合肥某楼盘出现一套房降价 80 万元的情况,引发市场预期变动,合肥市政府及时约谈,较好地起到稳定市场的作用。如果未能及时采取措施,合肥房价可能会出现较大波动。安徽省各城市去库存也要以准确的库存数量和去化周期为依据开展工作。当库存量发生较大变动时,政府要采取相应的去库存或增库存的措施。由此可见,如果数据不及时,甚至有错误的话,会严重影响管理人员的科学决策。相关专家利用这些信息分析影响本城市房地产发展因素时,最好能对这些因素进行排序,以便制定合理的房地产政策。

附录一　安徽省部分城镇访谈调研问卷及回复

阜阳市访谈调研回复样例

1. 最近是否有买房打算？如果现在或将来买房准备在哪里买？为什么？（县城、所属城市、所属省省会城市或其他城市；可酌情咨询现有房产情况）

将来打算在成都、西安买房，但是也不一定，主要看在哪里工作了。

2. 准备买住宅还是公寓或商铺，为什么？

住宅，房子大，有更多的空间。

3. 购买住宅(公寓或商铺)的最主要目的是什么？（比如孩子上学、结婚刚需、改善住房、投资需要等）

最主要的目的是自住，而非投资。

4. 如果考虑购房，资金来源包括什么？（自己的收入积累、家人的帮助、银行贷款等；询问对方可能采用哪些贷款方法及贷款的难易程度）

家人帮助一部分，其余自己慢慢还。

5. 是否了解当地的房地产政策？是否认为其对购房造成影响？（可提前了解相关政策，咨询对方是否了解）

暂时没了解当地的房地产政策。

6. 您所了解的当地县城或城市这几年的价格变动情况,您觉得偏低还是偏高?您对未来房地产价格的预期是怎样的?

房价还行吧,可以接受,不算太高。

7. 是否能够比较容易地买到理想的房子?(询问对方认为的当前房地产市场供求状况;询问对方觉得这几年去库存政策是否有效)

不太容易买到理想的房子。

8. 您认为当前的购房压力是否很大?是否愿意租房生活?如果租房的话,顾虑有哪些?

考虑过租房生活,唯一的担心是房主趁租房热潮抬高租房价格。

9. 如果政府提供更多的保障房、公租房,并推出租购同权,您是否愿意长期租房生活?

我愿意。

安庆市访谈调研回复样例

1. 最近是否有买房打算?如果现在或将来买房准备在哪里买?为什么?(县城、所属城市、所属省省会城市或其他城市;可酌情咨询现有房产情况)

家住安庆市怀宁县;

最近没有买房打算;

如果买的话,准备在县城买,因为带地皮,是学区房,交通方便,县城小,离市区也近(开车大概30分钟到安庆市区),且县城生活安逸、舒服。

2. 准备买住宅还是公寓或商铺,为什么?

住宅类,因为已有一套房产用来投资,一套房产来居住,如果买的话,主要是为了居住。

3. 购买住宅(公寓或商铺)的最主要目的是什么?(比如孩子上学、结婚刚需、改善住房、投资需要等)

居住,且家中只有一个孩子,已经在外地上学。

4. 如果考虑购房,资金来源包括什么?(自己的收入积累、家人的帮助、银行贷款等;询问对方可能采用哪些贷款方法及贷款的难易程度)

卖掉一处房产。或者贷款并用公积金每月抵扣,当地信贷较为容易。

5. 是否了解当地的房地产政策,是否认为其对购房造成影响?(可提前了解相关政策,咨询对方是否了解)

不太了解。

6. 您所了解的当地县城或城市这几年的价格变动情况,您觉得偏低还是偏高?您对未来房地产价格的预期是怎么样的?

偏高,有点儿贵。

未来预期可能是泡沫经济,房价上升到约1万元/平方米时可能会暴跌。

7. 是否能够比较容易买到理想的房子?(询问对方认为的当前房地产市场供求状况;询问对方觉得这几年去库存政策是否有效)

目前处于供不应求的情况,当地建造的房子被抢购,安庆市最近可能会将重心转移,老城区的人一部分会在新区这边买房,且这边有淮安河,很多人抢购,买房有些难。

有效,已经处于供不应求的状态了。

8. 您认为当前的购房压力是否很大,您是否愿意租房生活?如果租房的话,顾虑有哪些?

压力很大。

不愿意,认为不太稳定,想要拥有属于自己的家。

9. 如果政府提供更多的保障房、公租房,并推出租购同权,您是否愿意长期租房生活?

不愿意,还是想要自己的家,不管好坏。

淮南市访谈调研回复样例

1. 最近是否有买房打算?如果现在或将来买房,准备在哪里买?为什么?

最近没有买房打算。

省会城市。

现有一套房。

2. 准备买住宅还是公寓或商铺，为什么？

住宅，满足基本生活需求。

3. 购买住宅（公寓或商铺）的最主要目的是什么？

生活刚需。

4. 如果考虑购房，资金来源包括什么？

自己的收入、家人帮助、银行贷款。

5. 是否了解当地的房地产政策？是否认为其对购房造成影响？

不了解，会造成影响。

6. 您所了解的当地县城或城市这几年的价格变动情况，您觉得偏低还是偏高？您对未来房地产价格的预期是怎么样的？

偏高。

7. 是否能够比较容易买到理想的房子？

不容易，觉得去库存政策没什么效果。

8. 您认为当前的购房压力是否很大？是否愿意租房生活？如果租房的话，顾虑有哪些？

大。

愿意。

租房没有安全感。

9. 如果政府提供更多的保障房、公租房，并推出租购同权，您是否愿意长期租房生活？

不愿意。

临泉县访谈调研回复样例

1. 最近是否有买房打算？如果现在或将来买房，准备在哪里买？为什么？

芜湖市或南京市。芜湖市是上学的城市,有人脉,也习惯了。南京城市发展比较好,生活水平也会高一点,而且离老家也近。大城市不仅对自己的职业发展而且对孩子以后的教育也都是很有利的,因为现在的教育资源不太平衡,努力考大学就是为了走出小县城,给自己和孩子的未来奠定基础。现在没有自己的房产,房产是父母的。

2. 准备买住宅还是公寓或商铺,为什么?

肯定买住宅,因为这个对我来说是必需品。公寓使用年限比住宅短,商铺的话没有需要,自己也不做生意,也不打算往这方面发展。

3. 购买住宅(公寓或商铺)的最主要目的是什么?

结婚刚需,孩子上学,在大城市里找到安全感。

4. 如果考虑购房,资金来源包括什么?

自己的收入,家人的资助,再加上公积金。贷款不是特别难但是也不容易。

5. 是否了解当地的房地产政策?是否认为其对购房造成影响?

政策不了解,但是影响也不大,因为住房是刚需,必须要有啊!特别是在大城市如果没有自己的房子真的没有安全感。

6. 您所了解的当地县城或城市这几年的价格变动情况,您觉得偏低还是偏高?您对未来房地产价格的预期是怎样的?

反正跌也跌不了多少,涨肯定会涨,我感觉这个就是一种趋势。现在的房价是偏高的。一般人买房都很困难,更何况是没有正式工作的人。

7. 是否能够比较容易买到理想的房子?

不容易,首先要有钱,自己没有能力,基本生活都不能保障,就别提买房了,所以现在有很多房奴、车奴。

8. 您认为当前的购房压力是否很大?是否愿意租房生活?如果租房的话,顾虑有哪些?

购房压力很大,我个人而言不愿意租房,租房总觉得自己在漂泊,出差回来也没有回家的感觉,没有安全感。

9. 如果政府提供更多的保障房、公租房,并推出租购同权,您是否愿意长期租房生活?

在没有能力时我还是愿意去租房的,但一旦有所改善,我一定要买房,我喜欢稳定的生活。

南陵县访谈调研回复样例

1. 最近是否有买房打算?如果现在或将来买房,准备在哪里买?为什么?(县城、所属城市、所属省省会城市或其他城市;可酌情咨询现有房产情况)

没有,不过将来准备在南陵县买一套房子,可能会在南陵中学对面那个小区买一套房。

2. 准备买住宅还是公寓或商铺,为什么?

住宅,我已经有一套房子住了,所以我准备买一个学区房出租用,现在不都是租房子上学的嘛。

3. 购买住宅(公寓或商铺)的最主要目的是什么?(比如孩子上学、结婚刚需、改善住房、投资需要等)

出租,等我孩子到了上高中的年纪就我们自己住。

4. 如果考虑购房,资金来源包括什么?(自己的收入积累、家人的帮助、银行贷款等;询问对方可能采用哪些贷款方法及贷款的难易程度)

自己的收入吧,可能还要贷款,贷款我会选择商业贷款,比较快,我之前没有贷过款,不过应该没有问题吧。

5. 是否了解当地的房地产政策?是否认为其对购房造成影响?(可提前了解相关政策,咨询对方是否了解)

现在具体的不是太了解,但是现在炒房炒得厉害,肯定跟政府土地财政什么的有关系,那些房地产商肯定要抬高房价,不过县城的炒房热度也持续不了多久。

6. 您所了解的当地县城或城市这几年价格变动情况,您觉得偏低还是偏高?您对未来房地产价格的预期是怎样的?

虽然一直在涨,但周边的黄山、芜湖、宣城这些城市,房价相对来说还算合理的了。

7. 是否能够比较容易买到理想的房子？（询问对方认为的当前房地产市场供求状况；询问对方觉得这几年去库存政策是否有效）

不容易，现在很多房子只剩下一些顶层的了，或者是一些烂尾楼。

不太有效，该怎样还是怎样。

8. 您认为当前的购房压力是否很大？是否愿意租房生活？如果租房的话，顾虑有哪些？

大，在大城市生活可能会愿意租房子住。

租金、地理位置、环境都是需要考虑的因素。

9. 如果政府提供更多的保障房、公租房，并推出租购同权，您是否愿意长期租房生活？

愿意，有好政策、有补贴肯定愿意租房子。

合肥市访谈调研回复样例

1. 最近是否有买房打算，如果现在或将来买房准备在哪里买？为什么？（县城、所属城市、所属省省会城市或其他城市）

有，在合肥。

2. 准备买住宅还是公寓或商铺？

住宅。

3. 购买住宅（公寓或商铺）的最主要目的是什么？（比如孩子上学、结婚刚需、改善住房、投资需要等）

自住，让孩子在合肥上学。

4. 如果考虑购房，资金来源包括什么？（自己的收入积累、家人的帮助、银行贷款等）

收入积累和贷款。

5. 是否了解当地的房地产政策，是否认为其对购房造成影响？

了解一点。

6. 您所了解的当地县城或城市这几年的价格变动情况,您觉得偏低还是偏高?您对未来房地产价格的预期是怎样的?

偏高。预计还会上涨。

7. 是否能够比较容易买到理想的房子?

不太容易。

8. 您认为当前的购房压力是否很大?是否愿意租房生活?如果租房的话,顾虑有哪些?

大,一个人愿意,全家在一起不愿意。

9. 如果政府提供更多的保障房、公租房,并推出租购同权,您是否愿意长期租房生活?

短期可以,长期不行。

芜湖县访谈调研回复样例

1. 最近是否有买房打算?如果现在或将来买房,准备在哪里买?为什么?

有。在芜湖市买房。首先我爸妈在芜湖市上班,上下班会比较便利;其次,芜湖市的发展前景很好,早一点在芜湖市买房会更有效益;最后,距离繁华地段比较近,更有利于家庭成员事业发展。

2. 准备买住宅还是公寓或商铺,为什么?

住宅。因为家庭需要有一个长期并且比较安稳的住所,住而后能安,只有有个休息的港湾,才能更有动力和激情去努力奋斗。

3. 购买住宅(公寓或商铺)的最主要目的是什么?

改善住房条件,父母工作需要。

4. 如果考虑购房,资金来源包括什么?

家人的帮助,银行贷款。

5. 是否了解当地的房地产政策,是否认为其对购房造成影响?

不太了解,但是感觉房价一直在涨,随着经济水平的不断提高,房价也越发高昂。

6. 您所了解的当地县城或城市这几年的价格变动情况,您觉得偏低还是偏高?您对未来房地产价格的预期是怎样的?

偏高。预计未来房价会继续升高。

7. 是否能够比较容易买到理想的房子?

很难,有些房子便宜但是地段不太好,有些房子地段繁华但价格难以承受。

8. 您认为当前的购房压力是否很大?是否愿意租房生活?如果租房的话,顾虑有哪些?

很大。租房也不是不可以,但是租房具有一定的危险性并且没有安全感,甚至产生寄人篱下之感,会因没有属于自己的房子而倍感压力,不能确保一定的私人空间。

9. 如果政府提供更多的保障房、公租房,并推出租购同权,您是否愿意长期租房生活?

如果有一定保障,会考虑长期租房生活。毕竟买房资金不足,还房贷又有着巨大压力,租房不失为一个好方法,既能享受家带来的安全感与温馨,又能减少资金的支出,缓解还房贷的压力。

芜湖市访谈调研回复样例

1. 最近是否有买房打算?如果现在或将来买房,准备在哪里买?为什么?

暂无购房打算。如果有意向,将来会考虑在距离市中心适中的位置购房。

由于近几年房地产业发展迅速,房价较高,所以结合自己的实际(如还贷能力),可能会考虑在离市中心一定距离的位置购房,并且是相对偏郊区的楼房,这个位置的物业管理和环境等都是较优越的。

2. 准备买住宅还是公寓或商铺,为什么?

会考虑买住宅。通过购买住宅可以满足基本的住房要求,而且在芜湖市房价不断上升的压力下,购买住宅本身作为不动产,所处位置对其使用及未来的保值起决定性作用。

3. 购买住宅（公寓或商铺）的最主要目的是什么？

购买住宅，一是为了满足基本的住房需要，改善居住条件；二是为了解决孩子上学问题，需方便接送。

4. 如果考虑购房，资金来源包括什么？

如果购房会结合自身实际、家庭情况首付一部分，剩余部分会选择通过银行贷款或公积金贷款，或选择向亲戚朋友借钱。

5. 是否了解当地的房地产政策？是否认为其对购房造成影响？

了解较少。近来芜湖市发改委声明将落实好房地产调控措施，坚决遏制房价上涨，持续推进进城务工农民缴存住房公积金及住房贷款政策试点工作。通过这项政策会大大遏制房价过高。但距市中心较近的鸠江区、镜湖区房价仍高达11000元/平方米，所以一定程度上政策并不见效。

6. 您所了解的当地县城或城市这几年的价格变动情况，您觉得偏低还是偏高？您对未来房地产价格的预期是怎样的？

近年来芜湖市整体房价走势呈现缓慢上升的趋势，7月份房价走势稍有波动。如距离市中心近的鸠江区部分新房价格较去年上升了将近6%，而镜湖区新房价格也上升了近1.2%，对一般家庭来说承担不起。

个人对未来房价的预期：希望城郊区的房价控制在5000元左右，而近市中心的楼房价格未来有所下降，上升幅度也能有所下降。安徽省出台非住宅去库存新政，芜湖市商业地产或迎来重大利好。

7. 是否能够比较容易买到理想的房子？

购买到自己理想的房子还是不容易的，想要找个交通便利、靠近市中心的优质楼房。首先供求已经不能满足现在市民的需求了，一旦优质点的楼盘一开盘就会一抢而空。

8. 您认为当前的购房压力是否很大？是否愿意租房生活？如果租房的话，顾虑有哪些？

就现在来看在芜湖市购房的压力还是挺大的，房价在不断上升。如果租房的话，会考虑租房周边环境是否良好、安全，租房的质量、面积等，如果是长期租房，还要考虑家庭收入水平及消费水平等。

9. 如果政府提供更多的保障房、公租房,并推出租购同权,您是否愿意长期租房生活?

如果政府推出更多更好的租房政策,一定会优先考虑,让家人过上更为舒适安逸的生活,而不会选择购房、承担更大的房贷压力。

中介访谈调研回复样例

1. 了解目前(或 2018 年)当地住宅类商品房销售状况,近三年什么时间段房屋最好销售?

元旦至过年返乡潮期间;中秋、国庆期间。

2. 了解公寓和商铺近些年的销售状况好坏,原因是什么?

较一般,芜湖县本地市场规模较分散;商业分类较少。

3. 房价上涨的时候好销售还是下跌时好销售?

上涨时好销售。现在人们普遍都具有买涨不买跌的心理,房价越是上涨,越是去买,反而如果房价真的下跌的话,可能就不会有人买了。

4. 购房者有哪些需求偏好?

随着本地居民收入的提高,对购房的需求也逐渐提高,例如会更加关注小区物业、地理环境、学区等。

5. 今年影响本地房地产市场的政策有哪些?您认为哪些政策特别有利于房地产销售?

对芜湖县房地产库存一直都有影响的是拆迁房安置政策,自从政府改变拆迁补助后,推出房票,极大地推动了芜湖县的房地产销售,同时,芜湖县行政区划的消息也进一步刺激了芜湖县的房地产销售。

6. 您认为去库存的相关政策是否生效?对房地产价格有何影响?

有效,推动了芜湖县房地产价格的持续走高,也推动了房地产发展,从 2017 年至今,芜湖县的房地产开发面积增长了约 200 万平方米,但同时,价格并没有下跌。

7. 租房市场需求如何？保障房、公租房对租房市场有什么影响？如果实行租购同权，您认为对房地产市场和租房市场会产生什么影响？

租房市场还是较为狭窄，仍然以陪读家长群体为主，同时，政府虽然推出了公租房、保障房，但是真正能租到公租房的只是少部分人。政府的公租房申请难度大，对租房市场产生影响较小，即使实行租购同权，对租房市场影响也不大。

8. 您认为当前当地房地产市场是过热、过冷还是供需平衡？

当地房地产市场还是较热的。

9. 您认为贷款政策对当地房地产市场有什么影响？

影响较小，小县城居民对于贷款政策了解不多，同时贷款政策居民个人意愿影响较大，对于贷款，可自己选择年份，从而承担不同压力。整体而言，不太会影响房地产市场。

10. 针对当前的市场情况，您的建议有哪些？

政府可适当进行调控，全国房地产市场还是呈增长态势，县城的房地产发展也较好，同时由于相关行政政策，加上周边相关设施建设，未来芜湖县房地产市场应该会有所增长，政府需要调控不让其过热，从而维护房地产市场稳定。

附录二 合肥市新毕业大学生租房偏好及问题调查(问卷)

1. 您的性别是?

   A. 男 B. 女

2. 您毕业后的住房供给方式?

   A. 单位宿舍 B. 与父母(亲戚)同住

   C. 租房 D. 买房

   E. 公租廉租房

3. 如果您租房,首要考虑的因素是?

   A. 周边配套设施 B. 与工作地距离

   C. 租金 D. 出行交通

   E. 家装设施 F. 环境

4. 您寻找房源的方式是?

   A. 线上 B. 线下

5. 您每月租金是多少?

   A. 500元以下 B. 500~1000元

   C. 1000~1500元 D. 1500元以上

6. 您每月工资是多少?

   A. 2000元以内 B. 2000~4000元

C. 4000~6000 元 D. 6000~8000 元

E. 8000 元以上

7. 您租房位置区位偏好的选择是?

   A. 蜀山区 B. 包河区

   C. 庐阳区 D. 瑶海区

   E. 四县地区

8. 合租人数(包括自己)是?

   A. 1 人 B. 2 人

   C. 3 人 D. 4 人

   E. 5~10 人

9. 合租的人是?

   A. 朋友 B. 同学

   C. 同事 D. 恋人

   E. 陌生人

10. 您介意合租吗?

    A. 不介意 B. 有点介意

    C. 很介意 D. 无所谓

11. 您在租房过程中与房东沟通时,要求房东提供哪些证件?(可多选)

    A. 房产证 B. 房屋买卖合同

    C. 租赁合同 D. 身份证

    E. 无

12. 您对租住环境偏好的选择是?(可多选)

    A. 与工作单位距离 B. 租金

    C. 小区物业管理 D. 周边娱乐餐饮服务设施

    E. 周围环境熟悉度

13. 您租房设施偏好的选择是?(可多选)

    A. 空调 B. 免费无线网

    C. 厨房 D. 独立卫生间

E. 无

14. 您是否有被房东侵权的情况?

　　A. 有　　　　　　　　　　B. 没有

　　C. 不清楚

15. 被侵权后的处置方式是?

　　A. 忍气吞声　　　　　　　B. 私了

　　C. 报警

16. 公租房申请意愿?

　　A. 不愿意申请　　　　　　B. 愿意申请

　　C. 已经申请

17. 不愿意申请公租房的理由?

　　A. 房子条件不满意　　　　B. 不知道有此项政策

　　C. 没有申请成功

18. 您最担心租房后遇到什么问题?

　　A. 安全没保障　　　　　　B. 租房条件不好

　　C. 房东不友善　　　　　　D. 其他

19. 租房是否会告诉父母?

　　A. 会　　　　　　　　　　B. 不会

　　C. 犹豫

20. 您能接受哪种租金付款方式?

　　A. 三个月一付　　　　　　B. 六个月一付

　　C. 一年一付

21. 您觉得租房合同应该多久签一次?

　　A. 六个月　　　　　　　　B. 一年

　　C. 两年　　　　　　　　　D. 其他

附录三 "租购并举"政策下,新毕业大学生长期租房意愿调查(问卷)

1. 您的性别是?

    A. 男 　　　　　　　　　　B. 女

2. 毕业后从事的工作类型是?

    A. 政府机关　　　　　　　B. 国企

    C. 个体经营户　　　　　　D. 事业单位

    E. 外企　　　　　　　　　F. 私企

    G. 自己创业　　　　　　　H. 其他

3. 您毕业后的住房供给方式是?

    A. 与父母家人同住　　　　B. 单位员工宿舍

    C. 自购房　　　　　　　　D. 政府的廉价公租房

    E. 普通租房

4. 您能接受的房屋月租金范围是?

    A. 500 元以下　　　　　　B. 500~1000 元

    C. 1000~1500 元　　　　　D. 1500~2000 元

    E. 2000~2500 元　　　　　F. 2500~3500 元

    G. 3500~5000 元　　　　　H. 5000~6500 元

    I. 6500 元以上

5. 您每个月的工资是多少?

　　A. 2000 元以下　　　　　　　　B. 2000~3500 元

　　C. 3500~5000 元　　　　　　　D. 5000~6500 元

　　E. 6500~8000 元　　　　　　　F. 8000 元以上

6. 如果租房,您租房的决定性要求是?

　　A. 租金水平　　　　　　　　　B. 交通便利

　　C. 地理位置　　　　　　　　　D. 安全系数高

　　E. 环境优美　　　　　　　　　F. 房屋自身条件好

7. 您对于"租购并举"政策的了解程度是?

　　A. 一点不了解　　　　　　　　B. 了解一部分

　　C. 了解　　　　　　　　　　　D. 非常了解

8. 如果租房,您会选择的是?

　　A. 长期租房　　　　　　　　　B. 短期租房

9. 如果租房和购房享受同等权益,您会考虑长期租房吗?

　　A. 会　　　　　　　　　　　　B. 不会

10. 您是否认为您的父母有能力支持您买房?

　　A. 有　　　　　　　　　　　　B. 没有

　　C. 不清楚

11. 您对政府推行"租购并举"政策,引导群众形成"先租后购"的梯度消费模式持什么态度?

　　A. 支持　　　　　　　　　　　B. 不支持

　　C. 与自己没有太大关系

12. 如果有成熟的租房体系,您的长期租房意愿有多大?

　　A. 不想租房　　　　　　　　　B. 不是特别想

　　C. 可以考虑　　　　　　　　　D. 大概率会

　　E. 一定会

13. 在租约形式多样化的条件下,您的租房意愿有多大?

　　A. 不想租房　　　　　　　　　B. 不是特别想

C. 可以考虑   D. 大概率会

D. 一定会

14. 如果租房权益完全可以得到保障,您的长期租房意愿有多大?

    A. 不想租房   B. 不是特别想

    C. 可以考虑   D. 大概率会

    E. 一定会

15. 如果对房地产中介服务行业加以规范(租房更快捷方便,不会遇到黑中介),您的长期租房意愿有多大?

    A. 不想租房   B. 不是特别想

    C. 可以考虑   D. 大概率会

    E. 一定会

16. 您寻找租房信息的途径是?(可多选)

    A. 租房 APP   B. 实体房屋中介

    C. 杂志报纸   D. 亲朋好友介绍

    E. 其他

17. 您觉得"租购并举"政策会带来哪些影响?(可多选)

    A. 无论是否推行,还是会买房

    B. 如果推行得好,将会选择租房

    C. 房价没有下降,租金反而提高

    D. 其他

18. 您觉得"租购并举"政策在推行中存在哪些问题?(可多选)

    A. 宣传力度不够

    B. 相关法律不健全

    C. 住房租赁市场不规范,自身权益容易受损

    D. 教育、医疗等公共服务供给不足

    E. 其他

19. 您重视的租房配套设施是?(可多选)

    A. 医疗卫生设施

B. 文化体育设施

C. 商业服务设施

D. 教育服务设施

E. 金融邮电设施

F. 社区服务与行政管理服务设施

G. 公共服务设施

20. 您认为影响租房稳定性的因素有哪些？（可多选）

  A. 房价频繁上涨   B. 房东诚信

  C. 租房环境变化   D. 工作地点变化

  E. 房屋拆迁   F. 家庭因素

  G. 其他

21. "租购并举"政策是否会改变您的购房意愿？

  A. 不会,仍然会购房

  B. 会,我会考虑租房

22. 您考虑以租房代替购房的原因是什么？（可多选）

  A. 租房经济压力小

  B. 现有政策较优,发展趋势好

  C. 租房更自由,不用长期在一个地方

  D. 其他

23. 在租房过程中,您认为下面列举的因素,对您的长期租房意愿影响分别有多大？请按照影响程度从高往低进行排序。

  ① 配套公共设施完善程度

  ② 是否有充足的租赁房源

  ③ 房屋租金高低

  ④ 中介市场的完善程度

  ⑤ 教育资源分配

  ⑥ 户籍制度影响

24. 在您所工作的城市,您更倾向于？

A. 买房　　　　　　　　　B. 租房

25. 了解了"租购并举"政策后,您的租房意愿程度为?

　　A. 1 年以内临时居住

　　B. 1~3 年的短期过渡

　　C. 4~6 年的中长期打算

　　D. 7~10 年的长期打算

　　E. 一辈子租房居住

26. 以下租房权益的实现对您长期租房的吸引力分别有多大?请按照吸引力强弱进行排序。

　　① 本市没有住房的居民可申请租房补贴

　　② 住房公积金可以用于租房

　　③ 租房期间房东和房客的权益能够按照合同和法规给予保障

　　④ 根据租房时长、工作时长积分优先购房或落户

　　⑤ 租房可以一次性缴纳几年的房租(不用担心房租随意上涨)

　　⑥ 租房可以让子女上所在学区的公立学校

27. 了解该政策后,您的长期租房意愿是否有所上升?

　　A. 是　　　　　　　　　B. 否

附录四　合肥市本地新毕业大学生就业区域选择因素调查(问卷)

1. 您的性别是?

    A. 男　　　　　　　　　　　　B. 女

2. 您的生源地是?

    A. 省内城镇　　　　　　　　　B. 省内农村

    C. 省外城镇　　　　　　　　　D. 省外农村

3. 您是否为独生子女?

    A. 是　　　　　　　　　　　　B. 否

4. 您的专业结构是?

    A. 文史类　　　　　　　　　　B. 理工类

    C. 经济管理类　　　　　　　　D. 其他

5. 您认为目前大学生就业形势如何?

    A. 乐观,形势较好,就业容易

    B. 一般,形式正常

    C. 不乐观,形势严峻,就业难

    D. 不了解

6. 毕业后,您最想进下列哪种单位?

    A. 政府机关　　　　　　　　　B. 事业单位

C. 外资企业　　　　　　　　D. 国有企业

E. 民营企业

7. 毕业后,您是否愿意留在安徽合肥?

　　A. 是　　　　　　　　　　B. 否

8. 毕业后,您最理想的工作区域是?

　　A. 合肥市　　　　　　　　B. 省内其他城市

　　C. 东南部沿海经济发达地区　D. 中部城市

　　E. 西部边远地区　　　　　F. 北方

　　G. 其他

9. 毕业后您期望的每月薪资是?

　　A. 2000 元以下　　　　　　B. 2000～3000 元

　　C. 3000～4000 元　　　　　D. 4000～5000 元

　　E. 5000～6000 元　　　　　F. 6000 元以上

10. 您在大学期间是否对未来工作和生活做过规划?

　　A. 是　　　　　　　　　　B. 否

11. 在高校就业指导课程中,您获取了哪方面的信息?(可多选)

　　A. 应聘技巧　　　　　　　B. 用人单位信息

　　C. 职业规划辅导　　　　　D. 求职心理辅导

　　D. 专业知识　　　　　　　F. 其他

12. 您对高校的就业指导看法如何?

　　A. 实用,从中学习了很多就业知识

　　B. 一般,没有太多用处

　　C. 不实用,未从中学习有用技巧

13. 您获得工作的途径是?

　　A. 通过学校获得信息或推荐　B. 社会招聘

　　C. 家人和朋友等社会关系　　D. 人才招聘网络

14. 您对政府出台的各项促进毕业生就业和创业的政策了解多少?

　　A. 非常了解　　　　　　　B. 比较了解

C. 不太了解   D. 不了解

15. 您对有关政府部门提供的公共就业服务满意度如何?

    A. 非常满意   B. 比较满意

    C. 不太满意   D. 非常不满意

16. 您认为促进大学生就业的政策措施同大学生的实际情况是否符合?

    A. 非常符合   B. 比较符合

    C. 存在较大差异   D. 存在很大差距

17. 您毕业后职业选择的影响因素有哪些?(可多选)

    A. 薪酬与福利   B. 个人发展前景

    C. 工作的稳定性   D. 家庭期望

    E. 工作环境   F. 自身的兴趣爱好或特长

    G. 专业对口   H. 个人能力

    I. 其他

18. 您毕业后地域选择的影响因素有哪些?(可多选)

    A. 个人的地域喜好   B. 就业机会的多少

    C. 家人与恋人的情感因素   D. 地域的职业前景

    E. 地域的生活环境   F. 地域的经济发展程度

    G. 地域的生活消费水平   H. 地域的房价因素

    I. 地域的户籍管理制度   J. 回报家乡

19. 对于合肥经济发展程度,您认为如何?

    A. 经济发展极差   B. 经济发展迟缓

    C. 经济发展平稳   D. 经济发展迅速

    E. 经济发达

20. 对于合肥就业政策,您是否了解?

    A. 完全不了解   B. 不太了解

    C. 一般   D. 比较了解

    E. 非常了解

21. 合肥市城市满意度调查。

附表 1.1 房地产待销面积与去化周期

非常满意	比较满意	一般	不太满意	非常不满意
社会保障	○	○	○	○
生活质量	○	○	○	○
经济发展程度	○	○	○	○
就业工作压力	○	○	○	○
基础设施	○	○	○	○
消费水平	○	○	○	○
房价水平	○	○	○	○
交通状况	○	○	○	○
生态环境	○	○	○	○

附录五　安庆市棚改货币化对于房地产市场的影响(问卷)

1. 您的性别是?

    A. 男　　　　　　　　　　B. 女

2. 您是哪个区(县)的?

    A. 7县之内的(桐城、太湖、岳西、怀宁、望江、宿松、潜山)

    B. 3区之内(迎江、大观、宜秀)

3. 您对棚户区改造了解吗?

    A. 非常了解　　　　　　　B. 一般了解

    C. 不了解

4. 您家是棚改货币化的受益者吗?

    (注释:棚户区改造一般分为两种:一种是实物补偿,也就是提供住房;另一种就是通过一定的赔偿计量方法,政府给予货币补偿,这也称为棚改货币化安置政策。)

    A. 是　　　　　　　　　　B. 否

5. 您感觉这项政策最大的影响是?

    A. 房价上涨　　　　　　　B. 物价变高

    C. 开发商越来越多

6. 您如何看待所在城市目前的房价?

A. 太高   B. 略高

C. 合理   D. 略低

E. 太低

7. 您现在所在的区域房价大概在多少?

   A. 8000 元/平方米以下   B. 8000~9000 元/平方米

   C. 9000~10000 元/平方米   D. 10000 元/平方米以上

8. 对于家居和装修市场您感觉到有什么变化?

   A. 出现许多新的品牌和分店

   B. 出现一些新的品牌和分店,但不那么明显

   C. 对于此类市场不太了解

9. 对于棚改货币化的安置政策您觉得如何?

   A. 非常满意   B. 一般

   C. 还好,但觉得因此导致房价过高   D. 不满意

10. 您现在对购房持什么态度?

    A. 观望态度   B. 会购买

    C. 不会购买

11. 您现在所在区域的棚户区安置政策中货币安置占比多少?

    A. 10%以下   B. 10%~30%

    C. 30%~50%   D. 50%以上

12. 如果您是棚改货币化安置政策的受益者,政府将补给您一大笔资金,您打算将这笔资金用于?(可多选)

    A. 购房(用于自住)

    B. 购房(用于投资)

    C. 用于购买股票基金

    D. 用来做创业和教育基金

    E. 其他

13. 目前您对于贷款方面有哪些认识?(可多选)

    A. 房贷的抵押高

    B. 贷款手续繁琐

    C. 投资贷款资质审查严格

    D. 除了住房贷款外,其他方面的贷款越来越难办

参 考 文 献

[1] 程蕾.安徽省房地产去库存不均衡的原因分析[J].智库时代,2018(12):289-291.

[2] 李建伟."去库存"背景下房地产企业发展对策分析[J].住宅与房地产,2018(3):15.

[3] 潘家华.三四线城市房地产的去库存压力有多大[J].民生民意,2016(10):73-75.

[4] 易宪容.房地产去库存化的难点与重点[J].浙江经济,2016(3):12-15.

[5] 黄燕芬,张磊.2016年中国房地产业主基调:去库存、稳市场[J].价格理论与实践,2015(12):25-28.

[6] 牛犁,胡祖铨.我国房地产库存现状及去库存政策建议[J].财经界,2017(5):6-7.

[7] 李伟.房地产去库存研究综述[J].经济研究参考,2017(30):49-61.

[8] 李清华.基于非均衡理论的昆明市房地产市场供求研究[D].昆明:云南财经大学,2017.

[9] 向为民,王霜.房地产"去库存"与对应取向[J].改革,2016(6):111-119.

[10] 王秀国.房地产去库存问题浅析[J].中国物价,2017(12):74-76.

[11] 易宪容.房地产去库存化是一次重大的利益关系调整[J].投资北京,2016(1):42-43.

[12] 邹士年.房地产市场去库存需要精准化[J].中国物价,2016(4):56-58.

[13] 曾宪奎.我国房地产去库存战略研究[J].改革与战略,2016(11):59-62.

[14] 席枫,李海飞,董春美.我国住房公积金新政对房地产市场价格的影响分析[J].价格理论与实践,2015(9):39-41.

[15] 舒长江,胡援成,樊嫱.资产价格波动与商业银行脆弱性:理论基础与宏观实践[J].财经理论与实践,2017(1):2-9.

[16] 范唯.我国房地产市场现状、问题以及供给侧改革重点[J].中国市场,2016(9):223-224.

[17] 仇高擎,夏丹,汪伟."去库存"与"抑泡沫"政策并举,房地产市场景气向下缓行[J].中国银行业,2017(2):27-30.

[18] 李林森,曾省晖.科学把握房地产去库存中的金融切入问题[J].经济研究参考,2017(30):22.

[19] 王冠,纪宇晟.浅谈供给侧改革中的房地产去库存[J].价值工程,2016,35(13):61-63.

[20] 黄晓华.房地产去库存困境分析[J].财经界,2016(12):126.

[21] 呼海燕.房地产去库存化问题及对策分析[J].住宅与房地产,2016(27):20.

[22] 宋婉秋,景刚.经济新常态下我国房地产去库存研究[J].科技创业月刊,2016,29(5):46-47.

[23] 张光耀,范应胜.保山市房地产去库存化的金融支持效应研究[J].时代金融,2017(14):78-80.

[24] 胡祖铨.我国房地产去库存研究[J].宏观经济管理,2016(4):50.

[25] 申博.去库存视角下房地产行业对区域金融稳定的影响:基于空间面板模型的实证研究[J].河北经贸大学学报,2016,37(3):61-66.

[26] 郭曦.我国房地产去库存面临的问题及解决路径[J].改革与战略,2017(11):141-145.

[27] 郝增军.不同类型城市房地产库存异质性及其影响因素分析[D].南京:南京财经大学,2016.

[28] 任芳芳.新经济形势下房地产去库存转型研究:以安徽省芜湖市为例[J].现代商贸工业,2017(8):53-54.

[29] 崔云婷.去库存现状及对策研究:基于房地产行业[J].现代商业,2017(8):148-149.

[30] 刘辉.三四线城市房地产去库存情况及影响因素分析:以安徽省亳州市为例[J].吉林金融研究,2017(4):45-48.

[31] 王红茹.住建部住房政策专家委员会副主任顾云昌:说"房地产去库存任务即将结束"违背事实[J].中国经济周刊,2017(16):36-38.

[32] 王鑫.当前我国三四线城市房地产去库存问题研究[J].中国市场,2017(13):26-27.

[33] 李向,刘登举,刘剑平,等.对伊金霍洛旗房地产去库存和棚改情况的调查[J].北方金融,2017(5):94-95.

[34] 朱雪苗,黄中南.供给侧改革下三四线城市房地产去库存对策研究:以湖北襄阳市为例[J].时代经贸,2017(15):63-65.

[35] 刘慧,张琪.欠发达地区房地产去库存问题研究:以吉林省为例[J].北方经济学,2017(6):56-59.

[36] 赵浩然.三四线城市去库存研究:基于房地产双重属性分析[J].经贸实践,2017(11):133.

[37] 贺良,张淑红,张筱蒙.黑龙江省房地产去库存策略研究[J].当代经济,2017(21):14-15.

[38] 张春芳,陆娜娜.长三角地区房地产市场是如何实现"去库存"的[J].数学的实践与认识,2017(15):171-177.

[39] 马继民.中小城市房地产的去库存问题:以甘肃省金昌市为例[J].开发研究,2017(4):108-112.

[40] 张婷敏.供给侧改革下房地产去库存路径分析[J].福建广播电视大学学报,2017(4):28-33.

[41] 马尧,刘姝君.基于PESTEL模型的房地产去库存分析:一城一策[J].经济研究导刊,2017(25):97-98.

[42] 李迎新.县域房地产市场去库存压力及风险因素分析:基于盘锦市县域房地产市场的调查[J].黑龙江金融,2017(9):49-50.

[43] 沈祥,贺静.去库存视角下的安徽省房地产周期研究[J].吉林金融研究,2017(11):42-47.

[44] 朱梦成.供给侧改革背景下房地产去库存问题分析:以蚌埠市为例[J].经贸实践,2017(20):38-39.

[45] 张秀.三四线楼市去库存与一二线房价快速上涨问题研究[J].财会学习,2017(23):183.

[46] 吕景.奎屯市房地产去库存问题研究[J].当代经济,2017(35):106-107.

[47] 李婷婷,谷达华,阎建忠.基于消费者结构需求研究商品住宅去库存的影响因素[J].西南大学学报(自然科学版),2018(9):104-112.

[48] 章蓓蓓.安徽省房地产库存计算模型的实证研究[J].安徽建筑大学学报,2018(5):72-78.

[49] 王吉忠,胡娟.基于层次分析的县域房地产市场去库存路径选择:以江苏句容市为例[J].上海房地,2018(10):50-52.

[50] 周笑安.结合法律调整土地供应:对不同房地产库存状况的应对[J].法制博览,2018(30):268.

[51] 张春燕,李楠,范莉蕾,等.去库存视角下内蒙古房地产市场供需平衡研究[J].内蒙古统计,2018(6):54-58.

[52] 周春应,徐俊龙.我国三四线城市房地产去库存难点及策略研究[J].工程经济,2019(1):76-80.

[53] 谭小芬,李奇霖.从库存角度看房地产发展[J].中国金融,2019(3):71-72.

[54] 钱景.房地产去库存文献综述[J].市场周刊,2019(3):44-46.

[55] 傅贻忙,周建军,周颖.人口结构变迁对房地产库存的影响研究:基于 CDCE FGG 估计方法的区域差异分析[J].经济经纬,2019(2):87-94.

[56] 郭园媛.金融支持中小城市房地产去库存对策研究:以甘肃平凉为例[J].现代营销,2019(5):26.

[57] 王丹.利益均衡情形下的房地产去库存模型及对策分析[D].沈阳:沈阳工业大学,2019.

[58] 王雪菲,王子郡,李宇.盘锦市房地产去库存的现状及问题分析[J].居舍,2019(26):171.

[59] 覃飞,石小霞,李东霞.新型城镇化对城市房地产去库存的空间效应分析[J].武汉金融,2019(9):35-41.